PERSPECTIVA DE LAS FAMILIAS DE ALUMNOS CON NECESIDADES ESPECÍFICAS DE APOYO EDUCATIVO EN RELACIÓN AL SISTEMA ESCOLAR: ELABORACIÓN Y VERIFICACIÓN DE UN CUESTIONARIO

LAURA SÁNCHEZ PUJALTE
DIEGO NAVARRO MATEU
SUSANA TEBAR YÉBANA
MARÍA TERESA GÓMEZ DOMÍNGUEZ

PERSPECTIVA DE LAS FAMILIAS DE ALUMNOS CON NECESIDADES ESPECÍFICAS DE APOYO EDUCATIVO EN RELACIÓN AL SISTEMA ESCOLAR: ELABORACIÓN Y VERIFICACIÓN DE UN CUESTIONARIO

ARANZADI

Editorial Aranzadi, S.A.U.
C/ Collado Mediano, 9
28231 Las Rozas (Madrid)
Tel: 91 602 01 82
e-mail: clienteslaley@aranzadilaley.es
https://www.aranzadilaley.es

Primera edición: 2024

Depósito Legal: M-14730-2024
ISBN versión impresa: 978-84-1162-712-2
ISBN versión electrónica: 978-84-1162-713-9
Incluye soporte electrónico

Diseño, Preimpresión e Impresión: Editorial Aranzadi, S.A.U.
Printed in Spain

El presente libro nace en el marco de un proyecto concedido en la Convocatoria I+D+i - 2023. Grupos de Investigación emergentes de la Dirección General de Ciencia e Investigación de la Consellería de Educación, Universidades y Empleo con identificación número:GV/GE 2023 (CIGE 2022)-111 y cuyo título es "Las voces de la inclusión". Es por ello por lo que mostramos nuestro agradecimiento por la subvención otorgada en virtud del presente proyecto. Su apoyo ha sido fundamental para avanzar en nuestra investigación y contribuir al progreso científico.

Índice General

Página

Página

ÍNDICE DE TABLAS

ÍNDICE DE FIGURAS

Prólogo

«En el corazón de cada familia late un amor incondicional que trasciende las barreras de lo convencional. En ese rincón especial, donde los vínculos se forjan con la fortaleza de los sueños y la ternura de los momentos compartidos, se teje una historia única y valiente. Es en ese espacio de afecto y resiliencia donde se encuentran las familias que, con hijos dotados de una luz especial, enfrentan los desafíos que la vida les presenta».

En las páginas de este libro, nos sumergimos en el profundo mar de emociones, experiencias y anhelos de aquellos padres y madres cuyos hijos han desafiado las expectativas convencionales al nacer con discapacidades. A través de sus testimonios, asistimos a la travesía de amor inquebrantable que emprenden, enfrentando no solo las adversidades que la discapacidad puede traer consigo, sino también los desafíos de un sistema educativo que, en ocasiones, se erige como un laberinto de incertidumbres.

Este libro no es solo un compendio académico, sino un paseo emocional por los senderos de la experiencia parental. Se adentra en la amalgama de sentimientos que envuelven a estas familias cuando se enfrentan a la respuesta educativa que reciben en las instituciones escolares. La esperanza, la frustración, el coraje y la determinación se entrelazan en una narrativa que ilustra la complejidad y la riqueza de la vida de aquellos que abrazan con amor inagotable la diversidad que sus hijos representan.

A través de estas páginas, se busca no solo entender el impacto de las respuestas educativas, sino también promover una reflexión profunda sobre cómo la sociedad puede evolucionar hacia un lugar donde la diversidad no solo sea aceptada, sino celebrada. Este libro es un llamado a la empatía, a la comprensión y a la acción, recordándonos que el acceso a una educación inclusiva es un derecho fundamental que todos los niños merecen.

«A medida que avancemos en estas páginas, recordemos que cada palabra escrita aquí es un tributo a la valentía de estas familias y una invitación a un diálogo franco y constructivo. Porque, al final, este libro no solo busca iluminar la realidad de las familias con hijos con discapacidad, sino también encender la llama de la transformación, forjando un futuro donde la educación sea verdaderamente un derecho para todos, sin importar las diferencias que nos hagan únicos».

1

Historia y desarrollo de la inclusión en el ámbito educativo

La inclusión educativa es un tema de creciente importancia en la sociedad actual. La idea de garantizar que todos los estudiantes tengan acceso a una educación de calidad, independientemente de sus características individuales, ha cobrado un protagonismo fundamental en los actuales sistemas educativos. Así en este capítulo, exploraremos en detalle cómo la educación inclusiva no solo es un imperativo ético, sino que también es fundamental para construir sociedades más equitativas y justas. A medida que avanzamos en este capítulo, comprenderemos cómo la inclusión educativa se ha convertido en un pilar esencial de la educación contemporánea, promoviendo el respeto a los derechos humanos, la diversidad y la participación democrática en las escuelas y comunidades educativas de todo el mundo. Asimismo, se abordará la evolución de la educación inclusiva, desde sus orígenes en la educación especial hasta su enfoque actual. Para ello se agrupa la exposición en períodos históricos, destacando cómo las prácticas y principios educativos han cambiado con el tiempo. En este sentido, se incluye una discusión detallada sobre el movimiento de la integración y los principios fundamentales que lo han guiado, lo cual aporta claridad y una visión coherente que permite mejorar la comprensión de la transición hacia la educación inclusiva.

1.1. INTRODUCCIÓN

Claramente, la percepción de la educación ha experimentado una notable transformación, pasando de ser vista como un instrumento para preservar privilegios sociales a convertirse en una estrategia esencial para garantizar la igualdad de oportunidades en el marco de una educación inclusiva para todos, como señalan Gallego y Rodríguez (2016). Simultáneamente, la atención a la diversidad ha evolucionado hasta convertirse en un tema de derechos fundamentales. Beltrán (2011) enfatiza que «los cambios en la educación, lejos de ser aspectos negativos, revelan una característica esencial del proceso educativo: su naturaleza dinámica y su capacidad de adaptación a la sociedad a la que sirve» (p. 5).

La idea original de integrar a los estudiantes con necesidades educativas especiales en el sistema educativo regular, conocida como educación integradora, ha sido superada por un enfoque más radical que aboga por la reestructuración de las escuelas para atender las necesidades de todos los alumnos y proporcionar una educación de mayor calidad, denominada educación inclusiva (Gallego y Rodríguez, 2016). Este enfoque plantea el desafío de cómo desarrollar escuelas inclusivas capaces de satisfacer las necesidades educativas de una población estudiantil diversa, al tiempo que se enfrentan a las dudas, dilemas y contradicciones que la inclusión puede generar (Ainscow, 2005; Echeita et al., 2009).

El término «inclusión» ha adquirido una gran relevancia en la esfera política, legislativa y pedagógica actual y se ha convertido en un tema de importancia mundial. Sin embargo, en la práctica, la implementación de la inclusión en las escuelas todavía enfrenta desafíos significativos, ya que no se han establecido mecanismos que permitan su plena implementación en todos los entornos educativos (Arnaiz y Guirao, 2015).

En este contexto, el presente capítulo tiene como objetivo definir la educación inclusiva, destacar los principios que la caracterizan y proporcionar ejemplos concretos de cómo se materializan estos principios en la práctica educativa.

En este contexto, se enmarca este capítulo, donde se busca definir la educación inclusiva y los principios que la sustentan, así como proporcionar ejemplos de cómo se materializan estos principios en la práctica educativa. Esta comprensión de la educación inclusiva es esencial en un mundo donde la diversidad se considera «normal», y las escuelas deben transformarse en inclusivas para educar a todos los niños y niñas de su comunidad (Parra, 2010).

1.2. INCLUSIÓN EN EL SISTEMA EDUCATIVO

Sandoval et al. (2002) destacan que existe un amplio consenso en considerar el año 1994 como un punto de inflexión crucial en la atención que ofrecen los sistemas educativos a los alumnos con discapacidad y/o alguna dificultad. Este cambio se produjo durante la Conferencia Mundial sobre «Necesidades Educativas Especiales. Acceso y Calidad» organizada por la UNESCO en Salamanca en ese año. En dicha conferencia se establecieron principios fundamentales que marcaron un hito en la capacidad de los sistemas educativos para responder de manera equitativa a la diversidad de los alumnos, garantizando una educación escolar de calidad sin discriminación ni exclusión.

Uno de los principios fundamentales establecidos en esta conferencia establece que las escuelas deben ser inclusivas y abrir sus puertas a todos los niños, sin importar sus diferencias en términos de condiciones físicas, intelectuales, sociales, emocionales, lingüísticas u otras. Esto implica acoger tanto a niños con discapacidades como a aquellos con habilidades excepcionales, así como a niños que enfrentan situaciones difíciles, como vivir en la calle o trabajar. También abarca a niños de comunidades nómadas, pertenecientes a minorías lingüísticas, étnicas o culturales, así como a aquellos de grupos desfavorecidos o marginados. Estas diversas condiciones plantean desafíos para los sistemas educativos, que deben encontrar formas efectivas de brindar una educación exitosa a todos los niños, incluso a aquellos con discapacidades severas.

Así, este principio subraya la importancia de que las escuelas sean inclusivas y estén preparadas para acoger a todos los niños, sin importar sus diferencias o condiciones individuales, y garantizar una educación exitosa para cada uno de ellos, incluyendo a aquellos con discapacidades graves.

En el contexto actual, es evidente que la percepción de la educación ha experimentado una notable transformación. Antes se consideraba principalmente como un medio para mantener ciertos privilegios sociales, pero ahora se convierte en una estrategia esencial para asegurar la igualdad de oportunidades dentro de un contexto de educación inclusiva para todos, como afirman Gallego y Rodríguez (2016). Esta transformación en la concepción de la educación va de la mano con la evolución en la atención a la diversidad, entendiéndose actualmente en un derecho fundamental en el ámbito educativo.

Como destaca Beltrán (2011), los cambios educativos no deben ser vistos como algo negativo, sino más bien como un aspecto esencial y positivo del proceso. La educación se ha vuelto dinámica y adaptable a la sociedad a la que sirve, lo que ha llevado a una evolución en la forma en que se aborda la diversidad en las aulas.

Inicialmente, se planteó la idea de integrar a los alumnos con necesidades educativas especiales en el sistema educativo regular, lo que se conoció como educación integradora. Sin embargo, este enfoque ha sido superado por una perspectiva más integral que aboga por la estructuración de las escuelas teniendo en cuenta las necesidades de todos los alumnos para ofrecer una educación de calidad, la educación inclusiva (Gallego y Rodríguez 2016). Esta evolución plantea el desafío de desarrollar escuelas inclusivas con la capacidad de satisfacer las necesidades educativas de todo el alumnado, teniendo en cuenta su diversidad.

En este contexto, se hace hincapié en la importancia de la diversidad y se resalta que la educación inclusiva es un proceso constante que busca ofrecer una educación de calidad para todos, respetando las diferentes necesidades, habilidades y expectativas de aprendizaje de los estudiantes. Además, se promueve la eliminación de cualquier forma de discriminación en el ámbito educativo (UNESCO, 2008).

Esta nueva perspectiva de la educación inclusiva representa un cambio significativo en la forma en que se aborda la diversidad en las escuelas, y aunque todavía existen desafíos para su implementación completa, refleja un compromiso con la igualdad de oportunidades y la calidad educativa para todos los alumnos (Arnaiz y Guirao, 2015).

En paralelo, ha habido una evolución en la comprensión del concepto de educación inclusiva (Ainscow, 1999; Booth y Ainscow, 1998; Dyson, 2001). Además, se han identificado propuestas educativas que involucran cambios superficiales en sistemas educativos que resisten la transformación.

Es importante destacar que la inclusión no se trata simplemente de permitir que los alumnos previamente excluidos accedan a las escuelas ordinarias. Más bien, es un proceso continuo que implica la participación de todos los niños y jóvenes, y requiere la eliminación de todas las prácticas excluyentes. Esto implica un cambio en el sistema escolar en términos de factores físicos, aspectos curriculares, expectativas y roles del profesorado, así como una revisión de las funciones directivas (Barton, 1998).

La inclusión, según la concepción de expertos e instituciones (Ainscow et al., 2006; Arnaiz, 2003; Echeita y Ainscow, 2011; Escudero y Martínez, 2011; Stainback y Staninback, 2007; UNESCO, 2008), trasciende la visión de la diversidad centrada únicamente en las dificultades, discapacidades y necesidades educativas específicas. Se basa en la idea de brindar una atención educativa individualizada que se adapta a cada contexto y se dirige a todos los miembros de la escuela, con un enfoque particular en aquellos que son más vulnerables. Tal y como se puede visualizar en la Tabla 1, se pueden identificar siguiendo a Muntaner (2013) tres principios fundamentales en esta definición.

Tabla 1. Principios de la Inclusión

Presencia	Todos los alumnos están presentes en todas las actividades, experiencias y situaciones de aprendizaje dentro de la escuela y el aula.
Participación	Todos los alumnos participan en todas las actividades, experiencias y situaciones propuestas en el aula y en la institución educativa como parte de su proceso de aprendizaje.
Progreso	Todos los alumnos avanzan y aprenden a través de su participación en todas las actividades y situaciones planteadas en el aula y en la escuela.

Nota: Adaptado de Muntaner (2013).

Revisando la perspectiva de Fonseca y Omate (2013) sobre la educación inclusiva, estos autores destacan su naturaleza dinámica y en constante evolución. Se centra en la prevención de la exclusión, la utilización eficaz de los recursos de educación especial y la colaboración entre todos los involucrados. Este enfoque busca crear un entorno escolar que sea receptivo y acogedor para todos los estudiantes, independientemente de sus diferencias. Las implicaciones de su enfoque se pueden identificar en cuatro puntos clave:

- Proceso Continuo: Según estos autores, la educación inclusiva no es un estado estático, sino un proceso en constante desarrollo. Implica una reestructuración pedagógica y organizativa que se adapta y evoluciona con el tiempo. Esto significa que las escuelas deben estar dispuestas a realizar cambios y mejoras constantes para promover la inclusión.

- Prevención del Aislamiento y la Segregación: Uno de los aspectos centrales de la educación inclusiva, según los autores, es la prevención del aislamiento y la segregación de los estudiantes. Esto significa que se deben implementar estrategias y prácticas que eviten que los alumnos se sientan excluidos o separados debido a sus diferencias. Se busca crear un entorno en el que todos los estudiantes se sientan parte de la comunidad escolar.

- Uso de Recursos de Educación Especial: Aunque se prioriza la inclusión en aulas regulares, también reconocen la importancia de los recursos de educación especial. Esto implica que, en algunos casos, puede ser necesario brindar apoyos adicionales o adaptaciones para satisfacer las necesidades individuales de ciertos estudiantes. Sin embargo, la clave está en saber cómo utilizar estos recursos de manera efectiva en el contexto de las aulas regulares.

- Enfoque en la Colaboración: Para llevar a cabo este proceso dinámico de educación inclusiva, la colaboración entre profesionales de la educación, familias y otros actores es fundamental. Trabajar juntos para identificar las necesidades de los estudiantes y desarrollar estrategias inclusivas es esencial para el éxito de este enfoque.

Siguiendo en la conceptualización de la inclusión educativa, encontramos el trabajo de Giné (2009) el cual identifica seis maneras de entender la educación inclusiva, a partir de un análisis de la investigación internacional sobre esta materia (Ainscow et al., 2006; Ainscow y Cesar, 2006):

- La idea de vincular la inclusión con la escolarización de estudiantes con discapacidad o aquellos catalogados como «alumnos con necesidades educativas especiales» ha prevalecido en nuestra sociedad debido a las políticas de integración implementadas en las décadas de los ochenta y noventa. A menudo, se ha utilizado indistintamente los términos «integración» e «inclusión», lo que ha generado cierta confusión. Sin embargo, categorizar a los estudiantes en función de posibles déficits o problemas individuales, como se hace en el modelo médico, plantea dudas y riesgos.

- La inclusión educativa también se enfrenta al desafío de abordar los problemas de conducta en el entorno escolar. Esta situación plantea una preocupación significativa tanto para las autoridades educativas como para los docentes. En muchos países, incluyendo a España, los problemas de conducta se consideran una parte integral de las complejas situaciones educativas que las escuelas inclusivas deben abordar. Esto implica adoptar una perspectiva integral que considera tanto el entorno escolar como el contexto de desarrollo de los estudiantes, así como las necesidades específicas de cada alumno, y requiere la implementación de los apoyos necesarios para abordar estas cuestiones.

- La escuela tiene la responsabilidad de desempeñar su función social y de socialización con todos los estudiantes, promoviendo su desarrollo y reduciendo el riesgo de exclusión. Sin embargo, no se justificaría que una escuela se convierta en un refugio exclusivo para ciertos grupos, ya que esto va en contra del principio de inclusión y de garantizar igualdad de oportunidades para todos los estudiantes.

- La inclusión educativa se ha vinculado con la promoción de una escuela que abarque a todos los estudiantes. Esta perspectiva se asocia con la idea de una escuela «comprensiva», que busca ofrecer una educación que sea adecuada para atender a las diversas necesidades de los alumnos. La diferencia clave radica en que mientras la comprensividad se enfoca principalmente en decisiones de política educativa que afectan a la estructura del sistema escolar, la inclusión se refiere a un proceso integral de transformación en las escuelas para aumentar las oportunidades de participación y éxito de todos los estudiantes.

- La perspectiva de la inclusión se relaciona con la idea de «Educación para todos». Aunque inicialmente este movimiento se centró en la escolarización de niños, especialmente niñas, en los países más desfavorecidos, brindó la oportunidad de reconsiderar el papel de la escuela y la educación en general. Esto implica dar la bienvenida a todos los estudiantes sin importar sus características personales, como género, etnia, religión o habilidades.

- Existe un consenso internacional creciente en torno a la inclusión, que implica los siguientes aspectos clave y contribuye a definir el concepto de inclusión de manera compartida, según Giné (2009):

  - Adopción de valores fundamentales que deben guiar las acciones: reconocimiento de derechos, respeto por las diferencias, valoración de cada estudiante, participación, equidad, y metas valoradas, entre otros (Booth, 2006). La inclusión, en esencia, se basa en valores, aunque estos deben manifestarse en la práctica.

  - Incremento de la participación de los estudiantes en el currículo, la cultura y la comunidad, evitando cualquier forma de exclusión en las instituciones educativas.

  - Transformación de las culturas, regulaciones y prácticas de las instituciones para que respondan a la diversidad de necesidades de los estudiantes en su comunidad.

  - Aseguramiento de la presencia, participación y éxito de todos los estudiantes en riesgo de exclusión, no solo aquellos con discapacidades o necesidades especiales (p. 19).

Así, tal y como se ha descrito, el concepto de inclusión educativa abarca múltiples dimensiones fundamentales. En primer lugar, implica la adopción de valores esenciales, tales como el reconocimiento de derechos, el respeto por las diferencias y la promoción de la equidad. Estos valores deben servir como pilares que guíen las acciones en el ámbito educativo. Además, la inclusión se refiere a la ampliación de la participación de los estudiantes en el currículo, la cultura y la comunidad escolar, al mismo tiempo que se evita cualquier forma de exclusión en las escuelas.

Para lograr este enfoque inclusivo, es crucial llevar a cabo una transformación profunda en las culturas institucionales, las regulaciones y las prácticas educativas. Esto implica que las instituciones educativas deben adaptarse de manera efectiva para responder a la diversidad de necesidades de los estudiantes en su comunidad. Es importante destacar que la inclusión no se limita únicamente a los estudiantes con discapacidades, sino que abarca a todos los estudiantes en situación de riesgo de exclusión, independientemente de sus condiciones personales.

Llegados a este punto, se puede entender cómo la inclusión educativa se fundamenta en valores esenciales y busca promover la participación activa de todos los estudiantes. Para ello, se requiere una transformación integral de las instituciones educativas, con el propósito de responder adecuadamente a la diversidad y garantizar la presencia, participación y éxito de aquellos en situación de riesgo de exclusión.

A pesar de que aún existen resistencias y opiniones desfavorables respecto a la educación inclusiva, Casanova y Rodríguez (2009) nos ofrecen algunas reflexiones que fueron determinantes para respaldar y consolidar el enfoque inclusivo. En primer lugar, se destaca la importancia de desvincular la atención de los trastornos del desarrollo y las discapacidades para enfocarse en las capacidades y habilidades presentes en cada individuo, así como en las necesidades educativas que deben abordarse para potenciar su desarrollo. Además, se hace hincapié en la implementación de métodos de evaluación psicopedagógica orientados hacia las posibilidades de aprendizaje de cada persona, superando las prácticas de diagnóstico que tendían a estigmatizar a los estudiantes.

En un contexto más amplio, se subraya la importancia de los regímenes democráticos, que se basan en el respeto a las diferencias y las consideran como elementos enriquecedores para toda la sociedad. Se argumenta así, que la escuela ordinaria ha demostrado ser más beneficiosa para el desarrollo social y emocional de todos sus estudiantes, independientemente de sus características individuales.

Finalmente, se resalta el progreso de la educación regular en su enfoque hacia la atención a la diversidad en diversos aspectos, como metodología, evaluación, recursos, organización y dotación de personal.

La implementación de procesos inclusivos exige un compromiso constante y coordinado de diversos actores sociales, entre ellos las familias, los profesionales, la administración y la sociedad en su conjunto. Es importante tener en cuenta que los cambios en el ámbito educativo suelen ser gradualmente progresivos, y fomentar la tolerancia hacia todos los estudiantes implica la formulación de estrategias y procesos efectivos para brindarles una atención adecuada (Verdugo, 2009).

Asimismo, es esencial que los procesos de inclusión se basen en la clarificación de las creencias y principios subyacentes, con el fin de comprender las perspectivas sobre la educación y cómo estas visiones impactan en la sociedad en general (Gallego y Rodríguez, 2016).

Para una comprensión más profunda del significado subyacente en el concepto de inclusión, especialmente en el contexto de diversas circunstancias locales, culturales e históricas presentes en cada comunidad educativa, es aconsejable que aquellos involucrados en la redefinición de sus enfoques consideren cuatro elementos esenciales que se destacan de manera consistente (Ainscow, 2005), la inclusión como proceso, como eliminación de barreras, como asistencia y participación de todos y como especial cuidado a colectivos vulnerables. A continuación, en la Tabla 2, se describen estos cuatro aspectos.

Tabla 2. Aspectos clave de la Inclusión educativa

La inclusión es un proceso	La atención a la diversidad requiere de una búsqueda constante considerándose así un proceso continuo e interminable. Implica aprender a convivir con las diferencias y a su vez, aprender de esas diferencias. En esta perspectiva, la diversidad se convierte en un valor y un estímulo tanto para el aprendizaje de los estudiantes como para el de los adultos involucrados en el proceso educativo.
Detección y eliminación de barreras	Implica la búsqueda, organización y evaluación de información de diversas fuentes para identificar y eliminar cualquier obstáculo que dificultan la participación y el aprendizaje de todos los estudiantes en el entorno educativo.
Apoyo, Participación y Rendimiento	Se trata de garantizar que todos los estudiantes estén presentes en la escuela, participen activamente en las actividades educativas y tengan un rendimiento académico adecuado.
Atención a Grupos Vulnerables	La inclusión educativa presta una atención especial a los grupos de alumnos que corren el riesgo de ser marginados, excluidos o que enfrentan dificultades para lograr un rendimiento óptimo en el sistema educativo

Nota: Ainscow (2005).

Igualmente, siguiendo a Beltrán (2011), se pueden identificar siete principios para la promoción de la calidad y la inclusión educativa, principios que fueron ya recogidos en la Guía de la UNESCO (2008). El primero de ellos se trata de:

- Fomentar una mayor participación al ofrecer más oportunidades para todos los estudiantes.
- Capacitación en educación inclusiva dirigida a todos los profesores.
- Promoción de una cultura y valores que fomenten la inclusión.
- Implementación de sistemas organizativos que impulsen la inclusión.
- Adaptabilidad en la administración de recursos para fomentar la inclusión.
- Políticas orientadas hacia la promoción de la inclusión.
- Marco legal orientado a la promoción y garantía de la inclusión.

El propósito último de la inclusión es transformar los sistemas educativos y los entornos de aprendizaje para adaptarlos a las necesidades especiales de los estudiantes (Gallego y Rodríguez, 2016). Sin embargo, lograr una verdadera escuela inclusiva es un desafío considerable, ya que implica una profunda reconfiguración de los centros educativos.

No se busca obtener un certificado que indique que la escuela ha alcanzado un estado final en cuanto a la inclusión. Las escuelas están en constante evolución; los estudiantes y el personal entran y salen; surgen nuevas formas de exclusión; se movilizan nuevos recursos. La inclusión es un proceso en constante desarrollo, es una «historia sin fin». La única manera en la que sería apropiado calificar a una escuela como «inclusiva» es cuando está comprometida de manera sólida con la sostenibilidad de un proceso de mejora escolar guiado por valores inclusivos (Booth y Ainscow, 2015).

La educación inclusiva se encuentra en el ámbito de la ética, la justicia social, la democracia profunda y la equidad, en contraposición a la lógica de los méritos, la rentabilidad y la eficiencia (Thomazet, 2009). Es una cuestión de valores concretos, no abstractos, como señala Booth (2006). Al hablar de equidad, participación, compasión y respeto activo por la diversidad, no es suficiente con la tolerancia, la honestidad, el reconocimiento de derechos y la sostenibilidad. La educación inclusiva no se limita a abordar las desigualdades en derechos, oportunidades y logros de manera convencional, sino que se basa en utopías realistas que, aunque sean complejas, difíciles y distantes, deben servir de inspiración para políticas, culturas y prácticas. Su enfoque no se basa en opciones caritativas o particulares, sino en imperativos morales y de justicia social. En términos claros, como lo afirma el Bristol City Council (2003), la educación inclusiva es la única forma de educación que puede ser defendida desde un punto de vista moral.

Hasta ahora, las reformas educativas han sido consideradas como pasos necesarios, no obstante, aún se valoran cómo cambios claramente insuficientes. Por lo tanto, todavía queda pendiente una verdadera «revolución educativa» (Acaso, 2015), que implica una transformación profunda y sistémica. Esta transformación debe abarcar todos los elementos, procesos y sistemas de prácticas que configuran y determinan una nueva estructura escolar y su correspondiente «cultura moral». Esta cultura debe estar firmemente arraigada en el compromiso con los valores y principios de la educación inclusiva (Booth y Ainscow, 2015). Actualmente, no hay duda de que la educación inclusiva es la opción más apropiada para abordar la diversidad, ya que se fundamenta en los derechos humanos y abraza los principios de igualdad, equidad y justicia social (Aincow et al., 2006; Arnaiz y Guirao, 2015).

Después de haber comprendido la importancia actual de la inclusión educativa, es esencial adentrarnos en un apasionante recorrido histórico que nos permitirá contextualizar y entender en profundidad este fenómeno. A lo largo de la historia, la educación ha atravesado diversas etapas y transformaciones en su enfoque hacia las personas con necesidades educativas especiales.

En este viaje histórico, exploraremos cómo las creencias y prácticas en torno a la educación de las personas con discapacidad han evolucionado, desde concepciones antiguas que consideraban la deficiencia como algo desconocido o divino, hasta el reconocimiento de la importancia de la inclusión educativa en el siglo XXI. A través de diferentes períodos históricos, analizaremos cómo se han gestado cambios significativos en la forma en que la sociedad y la educación abordan las diferencias individuales y las necesidades de aprendizaje de todos los estudiantes.

Este recorrido nos permitirá apreciar no solo la transformación en las políticas educativas, sino también la evolución en la comprensión de la diversidad y la igualdad de oportunidades en la educación. Así, podremos comprender mejor los fundamentos y los desafíos que enfrenta la educación inclusiva en la actualidad, a medida que continuamos avanzando hacia un sistema educativo que garantice el derecho a la educación para todos.

Es importante realizar un análisis sobre cómo se ha comprendido e intervenido históricamente con personas que presentan algún tipo de dificultad y/o discapacidad, para comprender de forma adecuada tanto la evolución de los paradigmas en torno a la discapacidad, como el actual enfoque de la educación bajo los principios de inclusión.

1.3. LA EDUCACIÓN COMO DERECHO

Actualmente la educación supone un derecho humano fundamental, consagrado en la Declaración Universal de los Derechos Humanos de 1948. El artículo 26 de esta declaración establece que la educación es un derecho inalienable de todas las personas, debiendo ser gratuita y obligatoria en su etapa elemental. Además, enfatiza que la educación debe contribuir al desarrollo pleno de la personalidad humana, al respeto por los derechos humanos y las libertades fundamentales, y al fomento de la paz y la tolerancia entre diferentes naciones y grupos. Del mismo modo, se reconoce el derecho de los padres a elegir el tipo de educación para sus hijos, sentando así las bases para el origen de la educación especial (ONU, 1948).

Igualmente, La Declaración de Derechos del Niño de 1959 consagra el derecho a la educación, enfatizando en su artículo 7 la gratuidad y obligatoriedad de la educación elemental para los niños. Esta educación se orienta a fomentar su desarrollo integral, permitiéndoles desarrollar sus capacidades y juicio individual, así como fomentar un sentido de responsabilidad moral y social para convertirse en miembros útiles de la sociedad (ONU, 1959).

El derecho a la educación, establecido en ambas declaraciones internacionales, se define como universal, aplicable a todas las personas sin excepción. Darling Hammond (2001) refuerza este concepto, destacando que la misión actual de las escuelas es proporcionar una educación efectiva a todos los niños. Esta afirmación subraya la importancia de la inclusión y la equidad en el ámbito educativo.

Así, en este contexto los siguientes epígrafes inician delineando el desarrollo de la educación especial. Si bien es un tema ampliamente estudiado, es crucial tener una visión clara de su historia para mejorar la comprensión del actual paradigma en educación y las líneas de investigación desarrolladas. Igualmente, el capítulo se enfocará en resaltar la consolidación de derechos relacionados con la educación especial, tanto para estudiantes con necesidades específicas como para sus familias. Históricamente, la atención a estas necesidades ha variado significativamente, influenciada por contextos económicos, sociales, culturales y científicos.

Así, desde un enfoque de segregación hasta la actual educación inclusiva, este análisis traza la evolución de la educación especial, destacando hitos clave y enfatizando la educación como un derecho universal sin distinción.

En definitiva y siguiendo a Torres (2010), recorrer la historia y evolución en la atención educativo de las personas con discapacidad, nos permite descubrir los desafíos a los que se han enfrentado, similar a otros grupos vulnerables, y ser conscientes de la privación de derechos a la que han estado sometidos. Sin embargo, hay que destacar que, con el tiempo, se han realizado cambios progresivos que han mejorado sus oportunidades para vivir vidas equiparables a las de otros.

Para comprender la evolución de la educación especial (E.E.), es fundamental considerar su contexto histórico y científico más amplio. Según Torres et al. (2008), es crucial analizar la E.E. en relación con acontecimientos y teorías científicas más allá del ámbito puramente educativo. Benítez (2013) señala que, si se considera la E.E. como una práctica dirigida a niños con trastornos de desarrollo, sus raíces se remontan al siglo XVI, especialmente en la educación de niños sordos. Aunque estas experiencias iniciales fueron significativas, no tuvieron un impacto social mayor hasta la creación de instituciones formales en el siglo XVII, como la primera escuela pública para niños sordos en Francia. En su forma actual, la E.E. se desarrolló en la segunda mitad del siglo XIX y se consolidó a principios del siglo XX como un campo pedagógico integral, dedicado a la educación de niños con diversos desafíos, sean físicos, psíquicos o sensoriales.

1.4. DESARROLLO HISTÓRICO DE LA ATENCIÓN A LA DISCAPACIDAD

Los orígenes de la educación especial se remontan a tiempos históricos, donde las primeras iniciativas educativas se enfocaron en niños con necesidades específicas, como los sordos. Este enfoque evolucionó con el tiempo, desde la atención caritativa en instituciones segregadas hasta convertirse en un campo pedagógico reconocido, que busca proporcionar una educación inclusiva y de calidad a estudiantes con diversas discapacidades. Estas raíces históricas subrayan la importancia y el desarrollo continuo de la educación especial en el contexto de los derechos educativos universales.

Siguiendo a González (2009), y revisando la evolución de la educación especial desde la antigüedad hasta el siglo XXI, se pueden identificar cómo las respuestas sociales ante la discapacidad han evolucionado. En la antigüedad y la Edad Media, se desconocía la naturaleza de la discapacidad o se atribuía a causas divinas, a menudo resultando en la eliminación física o reclusión de los afectados. Con el Renacimiento, surgen las primeras experiencias educativas para personas con déficits sensoriales. En los siglos XIX y XX, la educación especial comienza a distinguirse, desarrollando categorías nosológicas y modelos de enseñanza segregados. Ya en el siglo XXI, la educación especial se transforma hacia un modelo inclusivo que enfatiza la responsabilidad de las escuelas de ajustarse a las características individuales, promoviendo una educación integrada y accesible para todos.

A continuación, abordamos la evolución histórica de la educación especial y las respuestas sociales correspondientes a lo largo de los siglos, desde la antigüedad hasta la actualidad. Cada etapa señala un cambio significativo en la percepción y el enfoque hacia la discapacidad y la educación especial.

1.4.1. ETAPAS INICIALES: ANTIGÜEDAD Y MEDIEVO

Este período se caracteriza por una falta de atención y apoyo hacia las personas con discapacidad, y la sociedad no reconocía sus necesidades educativas ni sociales. Se vislumbra además como en esta etapa prevalecen las explicaciones supersticiosas y mitológicas de la conducta anómala, no obstante, se pueden identificar igualmente como surgen conceptos médicos que comienzan a influir en la comprensión de la diversidad y la discapacidad.

Así, durante esta etapa que abarca la Antigüedad Clásica y la Edad Media, no se puede identificar un enfoque educativo o social dirigido hacia las personas con deficiencias. En las sociedades griega y romana de ese período, las personas que presentaban enfermedades o malformaciones físicas o mentales eran excluidas y, en muchos casos, sometidas a prácticas como el infanticidio.

Plutarco (48-122 d.C.) proporciona información sobre la Ley de Licurgo en la sociedad espartana, que implicaba que los ancianos de la comunidad decidían eliminar a los recién nacidos que presentaban deformidades, arrojándolos desde el Monte Taijeto. En Roma, según los relatos de Tito Livio, se practicaba el abandono de los niños y la exposición en las aguas del río Tíber, no solo con niños, sino también con personas inválidas (que no eran de guerra) y ancianos (Jiménez y Vilá, 1998).

Hernández (2002), Jiménez y Vilá (1998), así como Sánchez y Torres (1998), señalan que, durante este período, se atribuían razones de naturaleza demoníaca o divina para explicar la conducta anómala de las personas. En esta creencia, aquellos con algún déficit eran considerados como poseídos por el demonio u otros espíritus, lo que llevaba a la percepción de su comportamiento como anómalo.

Además de estas creencias sobrenaturales, se utilizaban explicaciones de tipo mítico y misterioso para referirse a perturbaciones mentales, como la locura y la epilepsia, ya que en ese momento no se comprendía adecuadamente la anatomía, la fisiología y la psicología (Benítez, 2013). Estos trastornos se veían como manifestaciones de una influencia invisible y misteriosa. Sin embargo, con la disminución del infanticidio, que comenzó a ser castigado como delito, se produjo un aumento en el abandono de niños. La Iglesia respondió caritativamente a esta situación, creando centros e instituciones para el cuidado de estos niños abandonados. Es importante destacar que, aunque estos centros brindaban atención asistencial, no proporcionaban ningún tipo de educación.

Paralelamente, en esta época se originó el modelo biológico-médico, con raíces en las civilizaciones griega y romana. Hipócrates (460-357 a.C.) fue uno de los primeros en relacionar cualquier comportamiento anómalo con desequilibrios biológicos en el organismo, considerando la anormalidad como una enfermedad. La teoría de los humores corporales predominó en la explicación del funcionamiento del cuerpo humano hasta mediados del siglo XIX. Según esta teoría, el cuerpo humano estaba compuesto por cuatro sustancias básicas, los «humores», cuyos equilibrios y desequilibrios determinaban la salud de una persona y, en algunos casos, sus comportamientos. Esta teoría incluso influyó en la percepción del funcionamiento del cerebro como base de la locura.

En la Edad Media, se observa un inicio de comprensión más amplia de la diferencia, aunque con notables limitaciones. Las obras de médicos como Paracelso (1495-1541) y Platter (1536-1614) señalan que es posible identificar el retraso mental, pero en ese período se considera intratable debido a razones de orden físico y astral. Este período se caracterizó por la presencia de la ignorancia y una actitud negativa hacia la diferencia y la anormalidad, término utilizado en la época hasta mediados del siglo XX.

Es importante destacar que estas actitudes de rechazo coexistieron con ideas y actitudes caritativas. Surgieron casos aislados de atención humanitaria y beneficencia hacia aquellos que presentaban diferencias y necesidades especiales (González, 2011). Este contraste entre la ignorancia y la caridad marcó un período en el que la comprensión de la diversidad y la discapacidad comenzó a evolucionar, aunque de manera limitada y ambivalente.

Durante esta época, las personas con diferencias se enfrentaron a una atención inadecuada, muy distante de lo que hoy consideraríamos una educación adecuada. Esta época estuvo plagada de prejuicios que dificultaron una percepción positiva de las diferencias humanas (Fierro, 1981; Scheerenberger, 1984). A pesar de ciertos avances en la comprensión de la diferencia, la atención brindada a estas personas estuvo muy lejos de ser educativa o socialmente adaptada a sus necesidades.

Siguiendo a Vergara (2002) en la antigüedad clásica, las discapacidades físicas, psíquicas y sociales se abordaron desde dos perspectivas distintas y contrastantes. La primera perspectiva se basaba en una concepción demonológica, maléfica o mítica que prevaleció en muchas culturas ancestrales. En este enfoque, se creía que las discapacidades eran causadas por fuerzas malignas, lo que llevaba a la aplicación de terapias que incluían sortilegios, conjuros, magia, encantamientos e incluso medidas extremas como el abandono, el desprecio o la eliminación de las personas con discapacidad.

Por otro lado, existía un segundo enfoque más científico y natural que consideraba las discapacidades como patologías internas del organismo. Médicos y filósofos de la época adoptaron esta perspectiva y buscaron explicaciones médicas para las discapacidades, separándolas de la culpabilidad, los designios divinos y la voluntad de los dioses. Aunque sus esfuerzos y resultados no lograron completamente su objetivo, dejaron una marca significativa en el desarrollo de la ciencia de la época y sentaron las bases para futuros avances en la comprensión de las discapacidades.

Este contraste entre visiones demonológicas y científicas ilustra la complejidad de la percepción de las diferencias en la antigüedad clásica.

1.4.2. ERA DEL PROGRESO Y GÉNESIS DE LA EDUCACIÓN ESPECIAL

En la época que abarca desde el Renacimiento hasta el siglo XVIII conocido como Siglo de las Luces, se produce un cambio significativo en la percepción y atención hacia las personas con discapacidad. A medida que el poder de la Iglesia comienza a debilitarse, se abre paso a la libertad de pensamiento y al esfuerzo del Estado por ejercer el control social. Este período también está marcado por importantes transformaciones en las concepciones científicas y médicas, que sustituyen el oscurantismo psiquiátrico por el naturalismo psiquiátrico (Benítez, 2013).

En esta perspectiva, si entendemos la Educación Especial (E.E.) como una «práctica intencionada» para la educación de niños con déficits o trastornos en su desarrollo, podemos rastrear sus primeras experiencias hasta el siglo XVI, específicamente en la educación de niños sordos. Destacan dos figuras precursoras de la E.E.: Pedro Ponce de León (1520-1584) y Vicente de Paúl (1581-1660). Ponce de León desarrolló el método oral y se le atribuye la invención de la lengua de signos (Gascón y Storch, 2006). Su enfoque pedagógico demostró que, más allá de los modelos biomédicos predominantes, se podían lograr resultados exitosos en la educación de personas «sordomudas» (Gallego y Rodríguez, 2016). Juan Pablo Bonet continuó su labor y promovió la enseñanza de los signos como un medio para fomentar el habla.

Además, Vicente de Paúl emprendió una labor educativa con niños llamados «idiotas» que estaban internados en instituciones. En esta época, se observaron cambios significativos en las concepciones sociales y médicas, lo que generó un mayor interés en la educación de las personas con discapacidad. A pesar de estos avances incipientes, la educación aún carecía de reconocimiento social y las prácticas educativas eran un privilegio al alcance de muy pocos.

Estos esfuerzos pioneros se centraron principalmente en la educación de personas con discapacidades sensoriales, lo que marcó el inicio de la superación de una barrera que hasta entonces parecía insuperable: la atención educativa a aquellos que presentaban discapacidades.

Durante el siglo XIX, se marca un hito en la historia de la educación especial. Este período se caracteriza por el cambio de enfoque desde una atención médica hacia una atención psicopedagógica a las personas con discapacidad. Si bien cabe decir que la institucionalización de las personas con discapacidad seguía siendo ampliamente aceptada como la solución más adecuada en esta época, es en este período en el cual se puede hablar del nacimiento de la educación especial (Hernández, 2002; Sánchez y Torres, 1998).

Cabe destacar las contribuciones de médicos como Pinel, Esquirol y Seguín las cuales desempeñaron un papel importante al iniciar una orientación educativa en el cuidado de estas personas, aunque enmarcada desde un ámbito más clínico. Sus aportaciones, aún presentes en la actualidad, abarcan principios esenciales, tales como la individualización de la enseñanza, la aplicación de tareas gradualmente complejas y segmentadas, la ponderación de la estimulación sensorial, la planificación meticulosa de entornos educativos, la retroalimentación inmediata de conductas deseables, la capacitación en habilidades funcionales y la convicción de que todas las personas pueden alcanzar mejoras en su desarrollo, independientemente de sus limitaciones.

Es relevante mencionar, además, que en este contexto histórico se estableció la obligatoriedad de la educación para todos los niños, lo que planteó desafíos significativos para el sistema educativo al procurar la integración de aquellos que no lograban adaptarse a la educación regular. Esto, a su vez, condujo nuevamente a la institucionalización como la opción predominante para estos niños. En la sociedad de la época, coexistían dos actitudes contrapuestas hacia las personas con discapacidad: una corriente abogaba por brindarles apoyo y educación, mientras que otra las consideraba anómalas y una amenaza para la sociedad.

La consolidación efectiva de la educación especial se materializó a finales del siglo XIX y principios del siglo XX, cuando se instituyó la educación universal para todos los niños. Junto con el sistema educativo regular, se estableció un sistema de educación especial con centros separados según las necesidades de los estudiantes. Este sistema dual en educación perduró hasta la década de 1990 y tuvo un impacto significativo en la forma en que se comprendía y se atendía a las personas con discapacidad.

En este contexto, en 1953, se erigió el Patronato de Educación para la Infancia Anormal, que posteriormente, en 1965, se rebautizó como Patronato Nacional de Educación Especial, marcando un hito crucial en la coordinación y clasificación de las discapacidades en el ámbito educativo.

1.4.3. TRANSICIÓN PARADIGMÁTICA DEL SIGLO XX

En el transcurso del siglo XX, se cuestiona cada vez más la eficacia de la institucionalización como enfoque predominante en la atención a personas con discapacidad. Surge un creciente reconocimiento de que el entorno institucional no constituye el contexto más propicio para fomentar el desarrollo integral de dichas personas. Esta época se ve marcada por una serie de eventos significativos que sientan las bases para una transformación hacia procesos de normalización y democratización en la educación de niños con discapacidad.

Un acontecimiento de relevancia es la aparición de las primeras asociaciones de padres y madres, así como de personas con discapacidad, las cuales abogan por servicios individualizados en la comunidad y la inclusión en escuelas regulares. A nivel internacional, en 1950, se funda la National Association for Retarded Children (NARC) en los Estados Unidos, con el propósito de influir en la legislación dirigida a abordar las necesidades de estudiantes con discapacidad.

Desde la perspectiva de Muntaner (2000), se produce un cambio de paradigma en la conceptualización del retraso mental, dejando de considerarse como una característica inherente del individuo para ser comprendido como el resultado de la interacción entre la persona y su entorno.

Otro hito relevante en este contexto de creciente conciencia sobre los derechos humanos es el informe de la UNESCO de 1968, que insta a los gobiernos a garantizar recursos adecuados para los servicios destinados a estudiantes con discapacidad. El objetivo es facilitar su acceso no solo a la educación, sino también a la plena participación en la vida social y económica, promoviendo su integración completa en la sociedad.

Estos tres eventos fundamentales marcan el inicio de una nueva etapa caracterizada por un enfoque integrador, donde se reconoce que todos los estudiantes deben recibir educación en entornos inclusivos y no segregados. Este cambio de paradigma representa un importante avance hacia una educación más equitativa y accesible para personas con discapacidad.

1.5. INTEGRACIÓN EDUCATIVA: CAMBIO EN LA EDUCACIÓN DE PERSONAS CON NECESIDADES EDUCATIVAS ESPECIALES

La segunda mitad del siglo XX presenció una reevaluación crítica de la efectividad de la segregación de alumnos con necesidades educativas especiales en aulas especiales. Durante este período, varios autores destacados, entre ellos Will (1986), Wang et al. (1986) y Stainback y Stainback (1984), promovieron una reforma educativa en los Estados Unidos que abogaba por la provisión de servicios escolares que se adaptaran a las necesidades individuales de los estudiantes. Este movimiento culminó en la creación de la Iniciativa de Educación Ordinaria (Regular Education Initiative, REI), que tenía como objetivo principal la educación de los alumnos con necesidades educativas especiales en entornos no segregados. Este enfoque implicaba que la integración de todos los alumnos debía considerarse como la primera opción dentro del sistema educativo.

El surgimiento del Movimiento de la Integración Escolar (MIE) puede entenderse como una respuesta a las transformaciones sociales, médicas y psicopedagógicas que estaban teniendo lugar en ese momento. La Educación Especial (EE) comenzó a ser concebida como una parte intrínseca del sistema educativo general, lo que dio lugar a un nuevo paradigma educativo. Este paradigma se caracterizaba por reconocer las diferencias individuales de los estudiantes mientras promovía la igualdad de oportunidades para todos. Se postulaba que la integración planificada, respaldada por servicios y programas personalizados, beneficiaría a todos los alumnos. En este contexto, la escuela asumió el papel de un entorno donde se buscaba el desarrollo de las capacidades de todos los estudiantes, independientemente de si tenían alguna discapacidad, y se esforzaba por proporcionar experiencias lo más normalizadas posible. Este enfoque se centraba en la aproximación de las experiencias de vida de los estudiantes con y sin discapacidad, y su éxito dependía más de las condiciones ambientales y el apoyo brindado de acuerdo a sus necesidades individuales que del nivel de discapacidad de los estudiantes.

La adopción de la integración como enfoque educativo implicó una reevaluación profunda de las funciones de la escuela y la forma en que proporcionaba servicios educativos tanto a los alumnos como a las familias. La premisa subyacente era que existían estudiantes diversos que requerían una atención adaptada a sus necesidades individuales.

Este período marcó la introducción de un concepto fundamental en la educación: el de «Necesidades Educativas Especiales», acuñado por primera vez en el Informe Warnock (1978). Este concepto señalaba que todos los niños debían considerarse educables, ya que la educación se reconocía como un derecho universal. Se comenzó a comprender que los objetivos de la educación eran aplicables a todos los niños, independientemente de sus diferencias, y que algunos estudiantes, debido a diversas circunstancias, requerían apoyos especiales para alcanzar dichos objetivos. González (2009) planteó que la Educación Especial comprende un conjunto de recursos materiales y humanos disponibles en el sistema educativo para satisfacer las necesidades educativas, ya sean temporales o permanentes, de los estudiantes, proporcionando las ayudas necesarias para optimizar su desarrollo.

En este contexto, el informe «Libro Blanco para la Reforma del Sistema Educativo» (1989) definió las «Necesidades Educativas Especiales» como requisitos esenciales para el logro de los objetivos educativos, indicando que estas necesidades podían variar desde las más comunes hasta las más específicas. Además, se reconocía que la respuesta educativa debía ser un continuo de intervenciones que abarcara desde ayudas pedagógicas temporales hasta medidas y servicios más permanentes.

Pinto (2008) definió la Educación Especial como un conjunto de acciones educativas integradas en el sistema educativo general, cuyo propósito era atender y respaldar a las personas con dificultades para cumplir con las conductas básicas exigidas por su grupo social y cultural. Este enfoque no solo se centraba en el estudiante, sino también en su entorno, sus carencias y las aptitudes de los docentes para satisfacer las necesidades de todos los estudiantes. Vienneau (2011) presentó una estructura de cuatro niveles de integración, que incluían la integración física, social, pedagógica y administrativa. Estos niveles representaban una gama de intervenciones que iban desde la inclusión física en la misma escuela hasta la inclusión en todos los aspectos de la organización escolar. Esta estructura brindaba un marco para abordar la integración de manera efectiva.

Con todo lo descrito, se puede vislumbrar cómo el Movimiento de la Integración Escolar se basó en la idea de que la segregación de alumnos con necesidades educativas especiales era problemática y que la integración en entornos educativos no segregados debía ser la norma. Este enfoque transformó la educación especial y llevó a la adopción de principios rectores como la normalización, el principio de la integración, el principio de sectorización y el principio de individualización (Gallego y Rodríguez, 2016). Estos principios guiaron la evolución hacia la educación inclusiva y la igualdad de oportunidades en la educación.

1.5.1. FUNDAMENTOS DEL PRINCIPIO DE NORMALIZACIÓN

El concepto de normalización ha experimentado una evolución significativa a lo largo de los años. Según Mikkelsen (1959), quien desempeñó el cargo de director para personas con discapacidad mental en Dinamarca, la normalización implica la posibilidad de que las personas con discapacidad desarrollen sus vidas de la manera más normalizada posible. En este contexto, todas las personas deben recibir la atención que requieran en los servicios comunes de su comunidad. En esencia, este principio aboga por que todos los alumnos sean educados dentro del sistema educativo regular, excepto en circunstancias excepcionales que lo desaconsejen.

Por otro lado, Nirje (1969) define la normalización como la incorporación en la vida cotidiana de las personas con discapacidad de patrones y condiciones similares a los considerados habituales en la sociedad. Para el autor, la normalización conlleva diversos aspectos clave:

- Garantiza que todas las personas tengan acceso a condiciones de vida cotidiana similares a las de la sociedad a la que pertenecen.
- Ofrece la oportunidad de conocer y respetar a las personas diferentes, reduciendo los temores y mitos que pueden llevar a su marginación.
- Reconoce las características individuales y los derechos fundamentales de las personas con discapacidad en términos de servicios y apoyos.

- Se centra en normalizar las condiciones de vida en lugar de tratar de normalizar a las personas en sí.

Es importante señalar que el concepto de normalización no implica:

- Negar la existencia de deficiencias ni el derecho a ser diferente.
- Intentar convertir a una persona con discapacidad en alguien «normal».
- Homogeneizar las prácticas psicopedagógicas sin considerar las diferencias individuales.
- Colocar a alumnos con necesidades especiales en aulas regulares por modas pedagógicas, rentabilidad económica o presiones sociales.

El Principio de Normalización promueve un enfoque que busca la integración de las personas con discapacidad en la vida cotidiana y la sociedad en general (Arnaiz, 2003).

1.5.2. INTEGRACIÓN Y EDUCACIÓN ESPECIAL: UN NUEVO ENFOQUE

El principio de integración, definido en el Plan Nacional de Educación Especial (PNEE) de 1978, establece una orientación fundamental para la provisión de la Educación Especial. Según este principio, la Educación Especial debe ser impartida en la medida de lo posible en los centros educativos regulares del sistema educativo general. Solo en circunstancias excepcionales en las que sea absolutamente necesario, se llevará a cabo en centros específicos diseñados para tal fin. Además, se destaca la importancia de configurar la estructura y el funcionamiento de estos centros específicos de manera que faciliten la integración de sus alumnos en los centros educativos regulares.

El PNEE contempla varias modalidades de integración escolar, que incluyen:

- Integración completa: En esta modalidad, los alumnos con necesidades educativas especiales reciben su educación de manera exclusiva en los centros educativos regulares, promoviendo así su plena inclusión en el sistema general de educación.
- Integración combinada: Aquí, se combina la educación en centros educativos regulares con la educación en centros específicos, de acuerdo con las necesidades individuales de los alumnos.

- Integración parcial: En esta modalidad, los alumnos participan en programas educativos en centros educativos regulares durante parte de su jornada escolar y en centros específicos durante el resto del tiempo, adaptando la educación a sus requerimientos específicos.

- Centro específico: Se reserva esta opción para casos excepcionales en los que la integración en centros educativos regulares no sea viable. Estos centros específicos están diseñados para brindar una educación adaptada a las necesidades particulares de los alumnos.

El principio de integración reconoce el derecho fundamental de todo el alumnado a recibir una educación acorde a sus necesidades y características personales en el sistema educativo general. La integración, por tanto, representa la unificación de la educación ordinaria y la educación especial, promoviendo así la igualdad de oportunidades y la inclusión de todos los alumnos en el contexto de la comunidad educativa regular. El enfoque se centra en proporcionar la flexibilidad necesaria y los recursos esenciales, tanto humanos como materiales, para garantizar que cada alumno reciba una educación de calidad que responda a sus necesidades individuales.

1.5.3. EL CONCEPTO DE SECTORIZACIÓN EN LA EDUCACIÓN

El Plan Nacional de Educación Especial (PNEE) de España (1978) en su enfoque hacia la atención a las necesidades educativas especiales, propone una sectorización de funciones que involucra la colaboración de equipos multidisciplinarios. Esta sectorización tiene como objetivo ofrecer una respuesta educativa integral y adaptada a las necesidades de los alumnos con discapacidad o con necesidades educativas especiales. Las áreas clave de este enfoque son:

- Prevención y Detección: Esta fase se centra en la identificación temprana de posibles discapacidades o necesidades educativas especiales en los estudiantes. Los equipos multidisciplinarios trabajan para detectar signos tempranos de dificultades en el desarrollo o en el aprendizaje. La prevención y detección tempranas son cruciales porque permiten intervenir de manera oportuna, lo que puede ser decisivo en el desarrollo futuro del estudiante. Las actividades en esta fase pueden incluir programas de cribado, evaluaciones regulares y la formación de docentes y familias para reconocer señales de alerta.

- Atención Temprana: Una vez identificadas las necesidades, la atención temprana se centra en proporcionar apoyos y servicios a los niños en las primeras etapas de su vida y desarrollo educativo. La atención temprana es fundamental para maximizar el potencial de desarrollo de los niños y puede incluir terapias especializadas, programas de intervención temprana y apoyo a las familias. Los equipos multidisciplinarios, que pueden incluir especialistas en educación especial, psicólogos, terapeutas y trabajadores sociales, trabajan conjuntamente para desarrollar e implementar planes de intervención individualizados.

- Valoración, Orientación y Tratamiento: Esta etapa implica una evaluación detallada de las necesidades individuales del estudiante y la elaboración de estrategias y planes de apoyo personalizados. La valoración puede incluir evaluaciones psicoeducativas, exámenes médicos y evaluaciones del entorno del alumno. Basándose en estas valoraciones, los equipos multidisciplinarios diseñan e implementan planes de tratamiento y orientación, que pueden abarcar adaptaciones curriculares, apoyo pedagógico especializado, terapias específicas y orientación para las familias. El objetivo es asegurar que cada estudiante reciba la educación y los apoyos necesarios para alcanzar su máximo potencial.

Así, el PNEE establece un enfoque sistemático y colaborativo para atender las necesidades educativas especiales, destacando la importancia de la intervención temprana, la evaluación precisa y el tratamiento y apoyo personalizados. La colaboración de equipos multidisciplinarios es esencial para garantizar una respuesta integral y efectiva a la diversidad de necesidades de los estudiantes.

1.5.4. LA INDIVIDUALIZACIÓN EN EL PROCESO EDUCATIVO

El principio de individualización en Educación Especial se enfoca en brindar a cada alumno el modelo de organización escolar y los servicios que se adapten a sus características personales, con el objetivo de lograr el máximo desarrollo de sus capacidades. Según Gallego y Rodríguez 2016), esto implica que los profesores deben adaptar la enseñanza considerando una diversidad de actividades y un sistema de evaluación ajustado a los ritmos de aprendizaje de cada estudiante. Además, es esencial crear un entorno escolar que fomente diversos métodos, técnicas y estrategias que puedan adaptarse a la diversidad del alumnado.

La implementación del principio de individualización requiere, por lo tanto, la adaptación de contenidos, métodos y ambientes de aprendizaje a las necesidades e intereses de cada alumno. Esto, a su vez, promueve el respeto a la diversidad al facilitar el aprendizaje y el desarrollo personal y social en su entorno, aprovechando sus conocimientos y experiencias previas (Gallego y Rodríguez, 2016).

En resumen, Parra (2011) destaca que la integración educativa se fundamenta en proporcionar oportunidades para el aprendizaje a través de la interacción diaria entre los estudiantes, preparar a los estudiantes con discapacidad para su vida futura en un contexto más representativo de la sociedad, promover su desarrollo académico y social, fomentar la comprensión y aprecio por las diferencias individuales, ofrecer servicios para estudiantes sin discapacidad y «en riesgo» sin estigmatizarlos, y difundir las habilidades de los educadores especiales en la escuela.

1.6. CAMBIO DE PARADIGMA: TRANSICIÓN A LA INCLUSIÓN EN LA EDUCACIÓN

La evolución de la educación desde el enfoque de integración hacia la inclusión educativa ha marcado un hito significativo en el campo educativo. Esta transformación se ha gestado a lo largo de las últimas décadas y ha sido impulsada por la necesidad de garantizar una educación equitativa y adaptada a la diversidad de los estudiantes. En este contexto, es fundamental considerar las perspectivas de varios autores que han analizado y contribuido a esta transición.

Uno de los primeros autores que merece mención es Marchesi (2004), quien adopta una postura crítica frente al modelo de escuela integradora. Sostiene que este modelo resulta insuficiente debido a su limitada atención a la diversidad de los estudiantes. Si bien la integración educativa buscaba incluir a los estudiantes con discapacidades en el sistema educativo general, se centraba principalmente en esta población, excluyendo a otros grupos que también requerían respuestas educativas individualizadas.

La génesis del movimiento hacia la inclusión educativa se encuentra en la década de 1990, marcada por la Conferencia Mundial de Educación para Todos celebrada en Jomtien, Tailandia. Esta conferencia evidenció las deficiencias del enfoque de integración y propició un cambio conceptual en la educación. La educación inclusiva, tal como la plantea Parra (2011), valora la diversidad como un elemento enriquecedor en el proceso de enseñanza-aprendizaje y promueve el desarrollo humano.

El análisis de los movimientos de integración y educación inclusiva propuesto por Gallego y Rodríguez (2016) brinda una perspectiva crucial para comprender la evolución en la educación. Estos dos movimientos, el Movimiento para la Integración Escolar (MIE) y el Movimiento para la

Educación Inclusiva (MEI), se consideran interconectados, pero difieren en aspectos fundamentales que delinean una transformación significativa en la forma en que se aborda la diversidad en el entorno educativo.

El MIE, se centraba en la ubicación física de los alumnos con discapacidad en las aulas regulares. Esto implicaba que estos estudiantes fueran incluidos en las mismas aulas que sus compañeros, lo que se consideraba un avance hacia la inclusión. Sin embargo, este enfoque, aunque importante, tenía limitaciones. Su principal enfoque residía en el aspecto físico de la integración, es decir, asegurar que los alumnos con discapacidad estuvieran presentes en las aulas regulares.

Por otro lado, el MEI representa un cambio conceptual fundamental en la educación inclusiva. A diferencia del MIE, no se limita a la ubicación física de los alumnos. El MEI busca algo más profundo y trascendental: la participación activa y significativa de todos los alumnos, sin importar sus características individuales. Esto significa que la inclusión va más allá de tener a todos los alumnos en el mismo espacio físico; se trata de crear un entorno en el que cada estudiante tenga la oportunidad de participar plenamente en todas las experiencias educativas.

En esencia, el MEI reconoce que la inclusión no debe ser solo una cuestión de ubicación física, sino una cuestión de participación, aprendizaje y desarrollo personal. Este enfoque se alinea con la valoración de la diversidad como un recurso enriquecedor en el proceso educativo. En lugar de centrarse en las diferencias individuales como obstáculos, el MEI las ve como oportunidades para enriquecer el aprendizaje y promover el desarrollo humano.

Este cambio de terminología, que marca la transición de «integración» a «inclusión» en el ámbito educativo, es significativo y refleja un cambio profundo en la forma en que abordamos la educación de los alumnos con diversas necesidades. Este cambio no se limita simplemente a una cuestión de nombres, sino que está arraigado en una transformación ideológica fundamental en la manera en que entendemos la atención educativa de los estudiantes que son diversos en sus características y necesidades.

La adopción del término «inclusión» va más allá de una mera cuestión nominal. Representa una nueva filosofía educativa que se centra en valores de equidad, diversidad y participación activa. Así la educación inclusiva se basa en tres principios fundamentales, según la UNESCO (2008): el derecho a una educación no segregadora en igualdad de oportunidades, el derecho a una educación para todos y el derecho a una educación de calidad. Este enfoque no se limita solo a la escolarización de alumnos con discapacidad, sino que abarca a toda la comunidad educativa.

La transición de la integración a la inclusión implica cambios profundos en la práctica educativa y en la organización escolar. Stainback y Stainback (2007) enfatizan la necesidad de establecer una filosofía escolar basada en la igualdad y la democracia, que valore la diversidad y acepte a todos los alumnos de la comunidad. Además, se destaca la importancia de desarrollar redes de apoyo, integrar recursos y adaptar el currículo cuando sea necesario.

2

Trayectoria histórica hacia la educación inclusiva: perspectiva legal

La evolución legislativa hacia la inclusión en el ámbito educativo ha sido un proceso significativo a lo largo de los años. El establecimiento del actual marco legislativo en España para la Educación Inclusiva ha sido un proceso largo y complejo, caracterizado por avances graduales hacia la consolidación del derecho a la educación para todos. En este apartado, realizaremos un breve análisis tanto del contexto normativo internacional que ha influido en el desarrollo de la legislación a nivel nacional y autonómico en este ámbito, como de los hitos legislativos más relevantes relacionados con la educación en España y en la Comunidad Valenciana. Asimismo, exploraremos cómo estas regulaciones han planteado la atención a los alumnos con Necesidades Específicas de Apoyo Educativo (NEAE) y a sus familias.

2.1. INTRODUCCIÓN

Cada persona posee el derecho fundamental a recibir educación, la cual debe ser accesible de manera gratuita, especialmente en lo que se refiere a la educación elemental y primaria. La educación básica es obligatoria, y se debe promover la disponibilidad de educación técnica y profesional para todos. Además, el acceso a la educación superior debe otorgarse de manera equitativa en función de los méritos de cada persona (ONU, 1948).

La educación no solo es un derecho fundamental, sino también una herramienta esencial para salvaguardar otros derechos humanos, proporcionando la base necesaria para la buena salud, la libertad y la participación en la sociedad (Benítez, 2013). Tanto el bienestar individual como el colectivo están intrínsecamente ligados a la educación. La educación se erige como el medio más idóneo para desarrollar la personalidad, potenciar al máximo las habilidades, formar la identidad individual y comprender la realidad, integrando aspectos cognitivos, emocionales y axiológicos.

Desde una perspectiva social, la educación desempeña un papel fundamental al transmitir y actualizar la cultura, así como el conjunto de conocimientos y valores que la sustentan. También permite aprovechar al máximo los recursos de una sociedad, fomentar la convivencia democrática, promover el respeto a las diferencias individuales, impulsar la solidaridad y prevenir la discriminación. El objetivo principal es lograr la cohesión social necesaria (Ley Orgánica 2/2006 de Educación).

La educación es una de las principales preocupaciones tanto de los gobiernos como de numerosos organismos internacionales, y esto incluye la educación de las personas que presentan necesidades educativas especiales (NEAE). En el pasado, la respuesta educativa para aquellos estudiantes con NEAE se brindaba en entornos específicos, y en algunos casos, esta práctica continúa si los estudiantes requieren adaptaciones significativas.

No obstante, el marco legislativo actual promueve la inclusión educativa, lo que ha dado lugar a situaciones en las que la justicia ha intervenido para garantizar el derecho de los estudiantes por encima de los criterios técnicos establecidos en el Dictamen de escolarización, que recomendaba una modalidad de escolarización en un centro específico.

En España, el Real Decreto de Ordenación de la Educación Especial de 1985 se considera como el antecedente legislativo más cercano a la educación inclusiva. Este decreto plantea los beneficios y la necesidad de escolarizar a todas las personas con «deficiencias psíquicas y sensoriales» en centros ordinarios, proporcionando apoyos individuales específicos. Las leyes anteriores a este Real Decreto reconocían el derecho a la educación de todos los ciudadanos, pero concebían la Educación Especial como un proceso paralelo al sistema educativo ordinario.

2.2. PANORAMA LEGAL INTERNACIONAL Y AVANCES EN LA ATENCIÓN A LA DIVERSIDAD

Numerosas políticas, directrices y recomendaciones emanadas de organismos internacionales han influido en la configuración del actual marco legislativo español en el ámbito de la educación inclusiva en los últimos años. Estos documentos han promovido la búsqueda de calidad y equidad en la educación para todos los estudiantes. La Figura 1 proporciona un resumen de los hitos más destacados a nivel global que respaldan el derecho a la educación universal y a la educación inclusiva.

Figura 1. Principales Hitos Internacionales para la evolución de la Inclusión Educativa.

Nota: Elaboración propia.

Estos logros han desempeñado un papel fundamental en la consolidación de los principios de educación universal y educación inclusiva. En este contexto de aproximación al concepto de educación inclusiva, podemos identificar un primer nivel que se refiere a organismos de carácter internacional que tienen entre sus objetivos la promoción de la educación y el desarrollo de los ciudadanos. Esto es significativo ya que estos organismos no solo influyen en las políticas de los países y en el funcionamiento de las instituciones educativas, sino que también han impulsado iniciativas y publicados recursos que orientan en el ámbito de la inclusión educativa (Giné, 2009).

De acuerdo con Giné (2009), tres organismos internacionales destacados por su influencia en el ámbito educativo y por su capacidad para abordar diversas aproximaciones al concepto de educación inclusiva son: las Naciones Unidas-UNESCO, la Organización para la Cooperación y el Desarrollo Económico y la Agencia Europea para las Necesidades Educativas Especiales y la Inclusión Educativa.

Pasamos a describir brevemente estos tres organismos, además de la observación general n.º 4 del Comité de la ONU de derechos de las Personas con discapacidad que desarrolla el contenido, el alcance y el significado del derecho a la educación inclusiva de las personas con discapacidad.

2.2.1. UNESCO Y LA INFLUYENTE DECLARACIÓN DE SALAMANCA

La Declaración de Salamanca y el Marco de Acción sobre Necesidades Educativas Especiales, adoptados en la Conferencia Mundial sobre Necesidades Educativas Especiales en 1994, representan un cambio paradigmático en el enfoque de la educación inclusiva. Estos documentos, surgidos de una reunión auspiciada por la UNESCO en Salamanca, establecen principios fundamentales para la inclusión y atención a la diversidad educativa.

En su esencia, la Declaración de Salamanca asienta la premisa de que cada niño posee características, intereses, habilidades y necesidades de aprendizaje únicos, abogando por el derecho de todos los niños a la educación. Se enfatiza que deben tener acceso a escuelas regulares, que se deben adaptar para satisfacer un espectro amplio de necesidades. Este enfoque subraya la transición de un modelo de «integración» a uno de «inclusión», donde las escuelas acogen a todos los niños, independientemente de sus condiciones personales.

La educación inclusiva, tal como se concibe en la Declaración, implica que las escuelas deben ser capaces de acoger a todos los estudiantes y adaptarse a sus diversas necesidades. Esta visión transformadora exige la reestructuración de la cultura, las políticas y las prácticas educativas para responder a la diversidad de los estudiantes.

El Marco de Acción, vinculado a la Declaración, ofrece lineamientos para la implementación de la educación inclusiva. Insta a los gobiernos a reconocer la educación inclusiva como norma legislativa o política, promoviendo que las escuelas acojan a todos los niños sin distinción. Pone especial énfasis en la formación del profesorado, la planificación centrada en el estudiante y la creación de comunidades de aprendizaje que valoren la diversidad como una riqueza.

A pesar del impacto global de la Declaración de Salamanca, la puesta en práctica de la educación inclusiva enfrenta desafíos significativos. Estos incluyen la falta de recursos, la resistencia al cambio en las prácticas educativas y la necesidad de mayor formación y apoyo para los docentes. La Declaración ha inspirado legislaciones y políticas educativas en muchos países, pero la implementación efectiva y coherente de estas políticas sigue siendo un reto.

La Declaración de Salamanca y su Marco de Acción constituyen una base sólida para un sistema educativo más inclusivo y equitativo. Han promovido avances significativos en la educación inclusiva (Ainscow, 2005) pero aún queda mucho por hacer para garantizar que este modelo sea una realidad accesible para todos los estudiantes. Este esfuerzo requiere un compromiso continuo y colaborativo de los gobiernos, instituciones educativas y la sociedad en su conjunto, para crear un entorno educativo donde todos los estudiantes puedan desarrollarse plenamente.

Según Arnaiz 2003), la Declaración de Salamanca ha sido fundamental para promover el cambio hacia sistemas educativos más inclusivos en todo el mundo. Sin embargo, también señala que, a pesar de los avances significativos impulsados por esta declaración, aún existen desafíos considerables en su implementación efectiva. Estos desafíos incluyen la necesidad de una mayor sensibilización, la falta de recursos y formación adecuada para los docentes, y la necesidad de políticas y prácticas coherentes que apoyen la inclusión en todos los niveles del sistema educativo.

2.2.2. IMPACTO DE LA CONVENCIÓN DE LA ONU SOBRE LOS DERECHOS DE LAS PERSONAS CON DISCAPACIDAD

La Convención de las Naciones Unidas sobre los Derechos de las Personas con Discapacidad (CDPD), adoptada en 2006, es un tratado internacional que marca un cambio paradigmático en el enfoque de los derechos y la inclusión de las personas con discapacidad. Como indica Kanter (2015), la Convención «transforma la percepción de la discapacidad de un problema de salud a una cuestión de derechos humanos» (p. 102).

Fundamentándose en principios de igualdad, no discriminación y respeto a la dignidad inherente de las personas, la CDPD busca garantizar el disfrute pleno y en condiciones de igualdad de todos los derechos humanos y libertades fundamentales por las personas con discapacidad. Este enfoque innovador reconoce la discapacidad como un concepto en evolución, resultado de la interacción entre personas con deficiencias y barreras que impiden su participación plena y efectiva en la sociedad.

La Convención aborda la discapacidad desde una perspectiva de derechos humanos, alejándose del modelo médico tradicional que enfoca la «deficiencia» como el principal problema. En su lugar, considera las barreras sociales y ambientales como elementos clave que limitan la inclusión y participación de las personas con discapacidad. Kayess y French (2008) describen la CDPD como un documento que «establece un nuevo paradigma basado en los derechos humanos para abordar la discapacidad» (p. 5). La Convención abarca una amplia gama de derechos y pone un énfasis especial en la accesibilidad, un aspecto crucial para la participación plena en la sociedad. Este cambio representa un reconocimiento de que las respuestas a las necesidades de las personas con discapacidad deben ir más allá del ámbito de la salud y abarcar una amplia gama de derechos civiles, culturales, económicos, políticos y sociales.

Entre los derechos destacados por la Convención se incluyen el derecho a la vida, la prohibición de la tortura y tratos inhumanos, la libertad y seguridad personal, el respeto a la privacidad, y derechos específicos como el derecho a la educación, al trabajo y empleo, a la salud, y a la participación en la vida política y cultural. Además, la Convención pone un énfasis especial en el derecho a la accesibilidad, esencial para la participación plena y efectiva en la sociedad.

Para asegurar la implementación de sus disposiciones, la CDPD establece un Comité sobre los Derechos de las Personas con Discapacidad, que supervisa el cumplimiento de la Convención por parte de los Estados Parte. Los Estados están obligados a adoptar todas las medidas necesarias para garantizar el ejercicio de los derechos humanos de las personas con discapacidad.

A pesar de su influencia positiva en la legislación y políticas a nivel nacional e internacional, la implementación de la Convención enfrenta desafíos, incluyendo la necesidad de recursos adecuados, la superación de barreras de accesibilidad, la lucha contra la discriminación y el aumento de la conciencia sobre los derechos de las personas con discapacidad.

La implementación de la Convención sigue siendo un desafío, como indican Stein y Lord (2010), argumentando que queda mucho por conseguir hasta su implementación efectiva, siendo un gran desafío.

Este enfoque innovador y su compromiso integral con la igualdad y la no discriminación establecen a la CDPD como un hito crucial en los derechos humanos. Redefinió la comprensión y el tratamiento de la discapacidad bajo un marco de derechos humanos. Como Degener (2017) explica, la Convención es «un documento crucial en la lucha por una sociedad más inclusiva y equitativa» (p. 85). Su influencia es fundamental en la promoción de la igualdad real y efectiva para todas las personas con discapacidad.

La Agencia Europea para las Necesidades Educativas Especiales y la Inclusión Educativa, una entidad autónoma e independiente fundada en 1996, está compuesta por 31 países, tanto dentro como fuera de la Unión Europea. Su principal función es servir como una plataforma de colaboración en el ámbito de la educación inclusiva y las necesidades educativas especiales.

Esta organización trabaja en estrecha colaboración con instituciones clave como la Comisión Europea, el Parlamento Europeo y el Consejo de la Unión Europea, además de mantener relaciones con organismos y organizaciones internacionales relevantes.

En su misión más reciente, los países miembros de la Agencia han compartido una visión común sobre los sistemas de educación inclusiva. Esta visión se centra en garantizar que todos los estudiantes, sin importar su edad, tengan acceso a oportunidades educativas de alta calidad en sus comunidades locales, junto con sus amigos y compañeros. Este enfoque es el centro de todas las actividades desarrolladas por la Agencia.

El objetivo fundamental de la Agencia es apoyar a los países miembros en la mejora de sus políticas y prácticas relacionadas con la educación inclusiva. Para lograrlo, la Agencia integra perspectivas de política, práctica e investigación, proporcionando a los países miembros y a las partes interesadas en toda Europa información y orientación basadas en evidencias para implementar la educación inclusiva de manera efectiva.

La Agencia Europea para las Necesidades Educativas Especiales y la Inclusión Educativa ha establecido una serie de objetivos estratégicos fundamentales:

- Fomentar la excelencia en el ámbito de las necesidades educativas especiales y la educación inclusiva a través del mantenimiento de un marco de colaboración a largo plazo en toda Europa.
- Facilitar un intercambio efectivo de conocimientos y experiencias entre los países miembros, así como dentro de cada uno de ellos.
- Identificar los factores críticos que pueden obstaculizar o respaldar el progreso en este ámbito y proporcionar a los países miembros información y orientación basadas en evidencias.
- Realizar análisis exhaustivos y revisiones del desarrollo de políticas en los países miembros con el objetivo de respaldar la creación de sistemas de educación inclusiva que sean sostenibles y efectivos.

La Agencia Europea para las Necesidades Educativas Especiales y la Inclusión Educativa utiliza un enfoque integral que involucra a sus redes nacionales y la colaboración de expertos en diversos proyectos. A través de esta combinación de perspectivas de política, práctica e investigación, la Agencia es capaz de llevar a cabo evaluaciones, seguimiento e identificación de las interrelaciones entre estas tres perspectivas. Esto le permite desarrollar recomendaciones completas para los países miembros en lo que respecta tanto al desarrollo de políticas como a la implementación de prácticas educativas inclusivas.

A continuación, se describen brevemente los proyectos más destacados de la Agencia

- Proyecto «Cambio de rol de la provisión de especialistas» (Changing Role of Specialist Provision-CROSP): Este proyecto se centra en la reorganización de la provisión de especialistas y en el cambio percibido en el papel de esta provisión. Su objetivo es respaldar el derecho a la educación inclusiva para todos los estudiantes.
- Proyecto «Apoyando a los líderes escolares inclusivos» (Supporting Inclusive School Leaders-SISL): Este proyecto aborda el liderazgo para la inclusión con el objetivo de combatir la desigualdad en la construcción de la comunidad y promover la participación plena. Se centra en lograr resultados significativos para todos los estudiantes, incluyendo a aquellos que son más vulnerables a la exclusión.
- Proyecto «Educación Inclusiva para la Primera Infancia» (IECE): Este proyecto de 3 años se enfoca en el impacto significativo que tienen las experiencias educativas en la primera infancia en la vida

de una persona. Se destaca que proporcionar educación infantil de alta calidad tiene efectos positivos en el rendimiento y la adaptación social de los niños.

- Proyecto «Políticas de Financiación para Sistemas de Educación Inclusivos» (FPIES): Este proyecto se centra en el examen sistemático de los diferentes enfoques de financiación de los sistemas educativos con el objetivo de identificar herramientas efectivas de políticas de financiación que reduzcan las disparidades en la educación.
- Proyecto «Formación Docente para la Inclusión» (TE4I): El proyecto TE4I investiga cómo preparar a los maestros a través de su formación inicial para satisfacer las necesidades de una amplia diversidad de alumnos en el aula. Se aborda la cuestión de qué tipo de maestros se necesitan para una sociedad inclusiva en el siglo XXI y cuáles son las competencias esenciales que deben tener los docentes para la educación inclusiva.
- Proyecto «TIC para la Inclusión» (ICT4I): Este proyecto se enfoca en el uso de las Tecnologías de la Información y la Comunicación (TIC) para respaldar el aprendizaje de los alumnos con discapacidades y necesidades educativas especiales en entornos inclusivos dentro de la educación obligatoria.
- Proyecto «TIC para la Accesibilidad de la Información en el Aprendizaje» (ICT4IAL): Este proyecto consiste en una red multidisciplinaria de socios europeos e internacionales que representan a las comunidades de aprendizaje y TIC. Su objetivo es crear conciencia y aumentar la visibilidad de la provisión de información accesible y su importancia para las oportunidades de aprendizaje a lo largo de toda la vida, así como apoyar la provisión de información accesible dentro de las organizaciones.
- Proyecto «Mapeo de la Implementación de Políticas para la Educación Inclusiva» (MIPIE): Este proyecto tiene como objetivo proporcionar propuestas claras sobre los indicadores que los responsables de la formulación de políticas deben utilizar para realizar un seguimiento del progreso hacia la inclusión educativa. Se enfoca en la recopilación de información cualitativa y cuantitativa necesaria para mapear la implementación de políticas de educación inclusiva.
- Diversidad Multicultural y Educación de Necesidades Especiales: Este proyecto se centró en analizar la relación entre la educación de

necesidades especiales y la inmigración. Participaron 25 países europeos en el período entre 2006 y 2008.

- Evaluación en entornos Inclusivos: Este proyecto consta de dos fases y tiene como objetivo examinar cómo la política y la práctica de evaluación pueden respaldar la toma de decisiones efectivas en cuanto a enfoques, métodos y pasos de enseñanza y aprendizaje.
- Indicadores para la Educación Inclusiva: Se llevaron a cabo dos proyectos consecutivos con el propósito de desarrollar un conjunto de indicadores que permitieran evaluar el grado de implementación de la educación inclusiva en Europa.

2.2.3. LA OBSERVACIÓN GENERAL N.º 4 (2016) SOBRE EL DERECHO A LA EDUCACIÓN INCLUSIVA

En agosto de 2016, el Comité de la ONU de Derechos de las Personas con Discapacidad aprobó la Observación General n.º 4, que aborda en detalle el contenido, alcance y significado del derecho a la educación inclusiva de las personas con discapacidad. Este derecho está consagrado en el artículo 24 de la Convención sobre los Derechos de las Personas con Discapacidad (2006), que representa el primer instrumento jurídico vinculante que incorpora el concepto de educación inclusiva de calidad. Cabe destacar que esta Convención, firmada por España en 2008, marcó un hito como el primer tratado de derecho internacional negociado y firmado en el siglo XXI.

La elaboración de esta Observación General implicó la participación activa de todas las organizaciones de y para personas con discapacidad, que contribuyeron con aportaciones y observaciones relacionadas con el grado de cumplimiento del artículo 24 de la Convención sobre los Derechos de las Personas con Discapacidad (2006).

En el punto 3 de la Observación General se establece el propósito fundamental de este documento, que hace un llamado a los avances aún pendientes en lo que respecta a la educación inclusiva y de calidad para todos. Se destaca la preocupación del Comité por la persistencia de desafíos significativos, ya que millones de personas con discapacidad continúan siendo privadas del derecho a la educación, y muchas de ellas solo tienen acceso a la educación en entornos donde se encuentran aisladas de sus compañeros y reciben una educación de calidad inferior.

El documento profundiza en la comprensión de la educación inclusiva y subraya las responsabilidades de los Estados en la garantía del derecho a una educación inclusiva y de calidad. Es importante destacar que, en algunos países, como Argentina, este documento tiene un carácter vinculante para los tribunales de justicia.

La Convención insta a los Estados Parte a llevar a cabo una transformación de sus políticas públicas para hacer efectivo el derecho a la educación inclusiva. Esta transformación implica la elaboración e implementación de políticas educativas basadas en indicadores que aseguren que todos los estudiantes, incluyendo aquellos con discapacidad, tengan acceso, permanencia y éxito en un sistema educativo inclusivo en todas las etapas, en igualdad de condiciones que sus pares sin discapacidad.

En la práctica, esta transformación requiere el desarrollo de políticas a nivel estatal y regional, ya que estas instancias tienen un impacto directo en la cultura organizativa de las instituciones educativas. Las administraciones educativas a nivel estatal y regional deben diseñar políticas que proporcionen indicadores y pautas para todos los miembros de la comunidad educativa.

El tratado reconoce que el derecho a la educación solo se hará efectivo si las políticas estatales se traducen en políticas regionales y en documentos específicos de las instituciones educativas. Además, es fundamental que estas políticas vengan acompañadas de plazos para su implementación y del período necesario para derogar las disposiciones que no cumplan con los principios establecidos en el artículo 24 de la Convención.

Como se expone en el punto 29 de la Observación General, el Comité ha identificado los desafíos que enfrentan los Estados para aplicar efectivamente el artículo 24 de la Convención sobre los Derechos de las Personas con Discapacidad (2006). Por lo tanto, se plantean una serie de medidas que deben ser implementadas a nivel nacional por los Estados, y estas se detallan en los puntos 60 a 76 de la Observación.

Los problemas planteados en la Observación General son de relevancia y deben ser considerados en el contexto de la educación inclusiva en todos los países, incluyendo el estado español. Aquí se resumen los aspectos clave mencionados en la Observación:

- La responsabilidad de la educación de personas con discapacidad y de todas las personas debe recaer en el ministerio de educación, evitando que otros ministerios, como bienestar social o salud, excluyan la educación de sus legislaciones y políticas. La planificación y asignación de recursos en materia de educación deben ser una responsabilidad del ministerio de educación.

- Los Estados deben asumir un compromiso amplio y de colaboración intersectorial con la educación inclusiva en todo su sistema de gobierno. Los ministerios de educación no pueden lograr los objetivos de la educación inclusiva por sí solos, y el compromiso debe involucrar a todos los ministerios relevantes.
- La legislación aplicada debe basarse en el modelo de discapacidad basado en los derechos humanos, garantizando que los derechos de las personas con discapacidad se respeten y promuevan.
- Se debe establecer un marco legislativo y normativo amplio en referencia a la educación inclusiva, acompañado de un calendario de aplicación y mecanismos de denuncia y recursos legales independientes para casos de violaciones al derecho a la educación inclusiva.
- Debe elaborarse un Plan para el sector educativo en colaboración con organizaciones de y para personas con discapacidad. Este plan debe basarse en un análisis exhaustivo de la situación actual de la educación inclusiva y establecer objetivos medibles.
- La desinstitucionalización de personas con discapacidad debe ser planificada y estructurada, con un plazo definido para su implementación, ya que la educación inclusiva es incompatible con el internamiento.
- Se debe garantizar que la atención y la educación en la primera infancia sean de calidad, incluyendo apoyo y capacitación para padres y cuidadores de niños con discapacidad.
- Es esencial recopilar datos detallados pertinentes para la formulación de políticas de educación inclusiva.
- Deben asignarse recursos financieros y humanos suficientes para la implementación de planes de educación inclusiva.
- Se insta a los estados a transferir recursos de entornos segregados a entornos inclusivos y desarrollar modelos de financiación que respalden la inclusión educativa.
- Se debe proporcionar capacitación a todo el personal docente en todos los niveles para desarrollar competencias y valores necesarios en entornos educativos inclusivos.

- Las autoridades competentes deben recibir capacitación sobre sus responsabilidades legales y comprender los derechos de las personas con discapacidad.
- Deben elaborarse marcos de seguimiento con indicadores y objetivos concretos, con la participación de personas con discapacidad a través de organizaciones representativas.

Estos puntos reflejan la importancia de garantizar la educación inclusiva y de calidad para todas las personas, independientemente de sus discapacidades, y el compromiso necesario de los Estados para lograrlo.

2.3. PROGRESO DE LA INCLUSIÓN EDUCATIVA EN EL CONTEXTO ESPAÑOL

La implementación de la educación inclusiva en España ha sido un proceso gradual y en constante evolución. A lo largo de los años, se han producido avances significativos en la legislación educativa para garantizar la inclusión de los alumnos con NEAE (Necesidades Específicas de Apoyo Educativo) en entornos educativos regulares. Según Guirao y Sepúlveda (2012), la legislación ha seguido de cerca la conceptualización de la discapacidad, lo que ha permitido una coherencia en el enfoque de la educación especial.

A continuación, se presentan en la Figura 2 los hitos legislativos clave en el ámbito educativo que han acercado a España a la inclusión educativa, para posteriormente describir brevemente sus principales contribuciones.

Figura 2. Evolución Normativa en España

Nota: Elaboración propia.

2.3.1. LA LEY DE INSTRUCCIÓN PÚBLICA (1857)

La ley de Instrucción Pública de 1857 ha tenido una notable longevidad en el sistema educativo español, ya que estuvo en vigencia durante más de un siglo, hasta que fue reemplazada por la Ley General de Educación en

1970. Esta ley, conocida como la Ley Morano, marcó un hito importante en la regulación del sistema educativo español y estableció varios aspectos significativos en el ámbito de la educación. A continuación, se destacan algunos de los hitos educativos que se establecieron en la Ley Morano:

Obligatoriedad Escolar para Niños de 6 a 9 años: La Ley Morano estableció la obligatoriedad escolar para todos los españoles desde los 6 hasta los 9 años. Esto significaba que los padres, tutores o encargados estaban obligados a enviar a sus hijos a escuelas públicas durante este período, a menos que proporcionaran una educación equivalente en el hogar o en instituciones privadas.

Escuelas Específicas para Alumnos Ciegos y Sordos: La ley reconoció la necesidad de crear escuelas específicas para alumnos ciegos y sordos. Sin embargo, esta atención educativa se limitó principalmente a estos dos grupos de personas con discapacidad. Otros tipos de discapacidades no fueron considerados en esta ley.

Referencia a Escuelas Específicas para Alumnos con Discapacidad: Aunque se mencionaron las escuelas específicas para alumnos con discapacidad, la ley se centró principalmente en la atención a los alumnos sordos y ciegos. No se abordó de manera integral la educación de otros estudiantes con discapacidades.

Promoción de Escuelas de Sordo-Mudos y Ciegos: La ley promovió la creación de escuelas para alumnos sordos y ciegos, con el objetivo de tener al menos una escuela de este tipo en cada distrito universitario. También se hizo hincapié en la educación de estos alumnos en las escuelas públicas de niños en la medida de lo posible.

Es importante destacar que, aunque la Ley Morano representó un avance en la regulación educativa en España en su época, su enfoque en la educación de personas con discapacidad se limitaba principalmente a los alumnos ciegos y sordos. No fue sino hasta desarrollos legislativos posteriores y la ratificación de la Convención sobre los Derechos de las Personas con Discapacidad en 2008 que se avanzó hacia un enfoque más inclusivo y equitativo en la educación de todas las personas con discapacidad en España.

2.3.2. LEY GENERAL DE EDUCACIÓN Y FINANCIAMIENTO DE LA REFORMA EDUCATIVA (1970). LGE

La Ley General de Educación (LGE) de 1970 marcó un punto de inflexión importante en la legislación educativa española al abordar la necesidad de atender a los alumnos que presentaban necesidades educativas especiales. Sin embargo, es importante señalar que en ese momento la educación especial se concebía como un sistema paralelo al sistema educativo ordinario. A continuación, se destacan algunos aspectos clave relacionados con la educación especial según la LGE de 1970:

Atención a Alumnos con Discapacidad y Altas Capacidades: La LGE reconoció la necesidad de atender a los alumnos que presentaban discapacidad, refiriéndose a ellos como «deficientes e inadaptados». También se mencionó a los alumnos con altas capacidades, a quienes se llamó «superdotados». Esta inclusión marcó un avance importante al reconocer la diversidad de las necesidades educativas de los estudiantes.

Finalidad de la Educación Especial: La educación especial, según el artículo 49 de la LGE, tenía como finalidad preparar a los alumnos «deficientes e inadaptados» para su incorporación a la vida social de la manera más plena posible, teniendo en cuenta sus condiciones individuales. También se destacó la importancia de ofrecer una atención especial a los estudiantes «superdotados» para desarrollar sus aptitudes en beneficio de la sociedad.

Centros Especiales y Unidades de Educación Especial: La LGE planteó que la educación de los alumnos «deficientes e inadaptados» se llevaría a cabo en centros especiales, especialmente cuando las anomalías que padecieran lo hicieran absolutamente necesario. También se fomentó la creación de unidades de educación especial en centros docentes de régimen ordinario para atender a los alumnos con discapacidades leves, siempre que fuera posible.

Enfoque de Desarrollo Personal: La educación especial se entendía como un proceso formativo destinado a lograr el desarrollo personal del alumnado de acuerdo con sus posibilidades. Se buscaba eliminar las barreras que impedían el desarrollo normalizado del estudiante en las diferentes etapas del sistema educativo.

Bajo este enfoque, la educación tiene como objetivo eliminar las barreras que obstaculizan el progreso típico del estudiante a lo largo de las diversas etapas del Sistema Educativo. En este contexto, la Educación Especial se concibe como un proceso educativo destinado a fomentar el desarrollo personal de los alumnos de acuerdo a sus capacidades individuales, tal como se describe en el trabajo de Gallego y Rodríguez (2016).

Si bien la LGE de 1970 representó un avance importante al reconocer la necesidad de atender a alumnos con necesidades educativas especiales, su enfoque estaba en gran medida centrado en la segregación y la creación de centros y unidades separados para estos estudiantes. No fue sino hasta desarrollos legislativos posteriores y la evolución en la comprensión de la educación inclusiva que se avanzó hacia un enfoque más inclusivo y equitativo en la educación de las personas con discapacidad en España.

2.3.3. REAL PATRONATO DE EDUCACIÓN ESPECIAL (1976)

El Real Patronato de Educación Especial, establecido en España en 1976, fue una iniciativa gubernamental significativa en el ámbito de la educación especial. Este organismo se creó con el objetivo principal de promover y coordinar acciones en el campo de la educación y atención a personas con discapacidad, en un momento en que España comenzaba a transitar hacia un enfoque más integrador y menos segregador en educación.

El Real Patronato se centró en varios aspectos clave:

- Promoción de la Educación Especial: Trabajó para mejorar la calidad y el alcance de la educación especial, adaptándola a las necesidades específicas de los estudiantes con discapacidad.
- Coordinación con Instituciones: Facilitó la colaboración entre distintas instituciones y organizaciones, tanto gubernamentales como no gubernamentales, que trabajaban en el ámbito de la discapacidad.
- Investigación y Desarrollo: Fomentó la investigación y el desarrollo en el campo de la educación especial, buscando innovaciones y mejores prácticas para la inclusión efectiva de estudiantes con necesidades especiales.

Aunque en sus inicios el enfoque estaba más orientado hacia la educación especializada, con el tiempo, el papel del Real Patronato fue evolucionando hacia la promoción de la educación inclusiva. Esta transición se alineó con los cambios a nivel internacional en la percepción de la discapacidad y la educación, especialmente después de la Declaración de Salamanca en 1994. El Patronato empezó a enfocarse más en asegurar que los estudiantes con discapacidad tuvieran acceso a la educación regular, promoviendo su inclusión en el sistema educativo general.

El impacto del Real Patronato de Educación Especial fue significativo en varios aspectos:

- Contribuyó a cambiar la percepción y el enfoque de la discapacidad en España, promoviendo una visión más inclusiva.

- Sus esfuerzos ayudaron a mejorar las políticas y prácticas relacionadas con la educación de personas con discapacidad, influyendo en la adaptación de los currículos y en la capacitación de profesores.
- Favoreció un mayor entendimiento y conciencia social sobre las necesidades y derechos de las personas con discapacidad.

De forma global, se puede decir que el Real Patronato de Educación Especial jugó un papel crucial en el desarrollo y la promoción de la educación inclusiva en España, siendo un motor de cambio hacia una educación más accesible y equitativa para las personas con discapacidad. Su legado se refleja en las mejoras continuas en la inclusión educativa y en la igualdad de oportunidades para todos los estudiantes.

2.3.4. LA CONSTITUCIÓN ESPAÑOLA (1978)

La Constitución Española de 1978, el texto jurídico fundamental de la democracia española tuvo un impacto significativo en varios aspectos sociales y políticos, incluida la educación. En relación con la educación inclusiva, aunque la Constitución no aborda específicamente este tema en términos detallados, establece los principios fundamentales que han influido en el desarrollo de políticas educativas inclusivas en España.

Entre los principios y artículos relevantes, se destacan los siguientes:

- Igualdad ante la Ley (Artículo 14): La Constitución garantiza la igualdad de todos los españoles ante la ley, prohibiendo cualquier forma de discriminación, incluyendo la basada en discapacidad. Este principio es fundamental para el desarrollo de políticas educativas inclusivas, asegurando que todos los estudiantes, independientemente de sus capacidades, tengan igual acceso a la educación.
- Derechos a la Educación (Artículo 27): Este artículo reconoce el derecho a la educación y la libertad de enseñanza. Establece que todos tienen derecho a una educación básica que sea obligatoria y gratuita. Aunque no menciona explícitamente la educación inclusiva, este derecho sienta las bases para políticas que aseguren que todos los niños y jóvenes, incluidos aquellos con discapacidad, tengan acceso a la educación.
- Protección Social, Económica y Jurídica de la Familia (Artículo 39): Este artículo, al abogar por la protección de la familia, también

implica el apoyo a las familias con miembros con discapacidad, incluyendo el acceso a servicios educativos adecuados.

La Constitución Española ha tenido un papel indirecto pero fundamental en el impulso de la educación inclusiva en España. Los principios de igualdad, no discriminación y derecho a la educación han sido interpretados y desarrollados en legislaciones y políticas posteriores para fomentar un sistema educativo más inclusivo. Estos principios constitucionales han servido como base legal para la implementación de políticas que buscan integrar a estudiantes con discapacidad en el sistema educativo regular y para el desarrollo de recursos y apoyos específicos que garanticen su participación y éxito educativo.

Así, se puede afirmar que con la Constitución Española el desarrollo normativo que supuso en educación, se configura una nueva forma de entender la Educación Especial (Gallego y Rodríguez, 2016). A lo largo de los años, diversas leyes y políticas educativas en España han continuado construyendo sobre la base establecida por la Constitución para promover la inclusión educativa. Estos esfuerzos han incluido la adaptación de currículos, la formación de docentes en prácticas inclusivas y la provisión de recursos necesarios para apoyar a los estudiantes con discapacidad.

Aunque la Constitución Española de 1978 no aborda directamente la educación inclusiva, sus principios de igualdad, derecho a la educación y protección social han sido fundamentales para el desarrollo de un sistema educativo inclusivo en España. Han proporcionado un marco legal y ético que ha guiado las políticas y prácticas educativas hacia la inclusión y la igualdad de oportunidades para todos los estudiantes.

2.3.5. LA LEY 13/1982 DE INTEGRACIÓN SOCIAL DE MINUSVÁLIDOS, EN ADELANTE LISMI

La Ley 13/1982 de Integración Social de Minusválidos (LISMI), promulgada en España, representa un hito en el ámbito de la inclusión y los derechos de las personas con discapacidad. Esta legislación fue pionera en abordar de manera integral la necesidad de integración social de las personas con discapacidad, marcando un cambio significativo en la percepción y el tratamiento de la discapacidad en la sociedad española.

La LISMI se centró en varios aspectos clave para fomentar la integración social de las personas con discapacidad:

- Promoción de la Autonomía: Se buscaba garantizar que las personas con discapacidad pudieran llevar una vida lo más independiente y autónoma posible.
- Eliminación de Barreras: La ley enfatizaba la necesidad de eliminar barreras arquitectónicas, educativas y laborales que impedían la plena participación de las personas con discapacidad en la sociedad.
- Inclusión Laboral: La LISMI introdujo cuotas de empleo para personas con discapacidad en empresas de cierto tamaño, promoviendo su integración en el mercado laboral.
- Impacto en la Educación Inclusiva.

Aunque la LISMI no se centraba exclusivamente en la educación, sentó las bases para políticas educativas inclusivas posteriores en varios aspectos:

- Integración Educativa: La ley promovía la integración de estudiantes con discapacidad en el sistema educativo regular, sentando las bases para un enfoque más inclusivo en la educación.
- Recursos y Apoyos Educativos: Abogaba por la provisión de los recursos necesarios y apoyos especializados para facilitar esta integración.

Tras la aprobación de la LISMI, se desarrollaron diversas iniciativas y políticas educativas que continuaron el proceso de inclusión de estudiantes con discapacidad en el sistema educativo regular. Esta ley fue un paso importante en la evolución hacia un enfoque educativo más inclusivo, aunque en ese momento, el enfoque seguía siendo más integracionista que inclusivo en el sentido moderno.

La Ley 13/1982 de Integración Social de Minusválidos fue fundamental en el establecimiento de un marco legal para la integración social y laboral de las personas con discapacidad en España. En el ámbito educativo, aunque su impacto fue indirecto, la LISMI marcó el comienzo de un cambio hacia políticas y prácticas más inclusivas, reconociendo la importancia de la educación en la integración social y laboral de las personas con discapacidad. Su legado sigue siendo relevante en los esfuerzos continuos por una sociedad más inclusiva y equitativa.

2.3.6. LEY DE ORDENACIÓN GENERAL DEL SISTEMA EDUCATIVO (1990). LOGSE

La Ley Orgánica de Ordenación General del Sistema Educativo (LOGSE) es significativa por ser la primera ley de educación en el período democrático en España. Esta ley marca el inicio de una reforma en la educación no universitaria y refleja un cambio en la política destinada a combatir las desigualdades en la educación, al considerar la educación como un derecho de naturaleza social (Gallego y Rodríguez, 2016).

La Ley Orgánica de Ordenación General del Sistema Educativo (LOGSE), promulgada en España en 1990, fue una reforma educativa integral que transformó profundamente el sistema educativo español. Esta ley tuvo un impacto significativo en la educación inclusiva, estableciendo un marco legal que promovía la integración de todos los estudiantes, incluidos aquellos con necesidades educativas especiales, en el sistema educativo regular.

Entre sus Principios y Objetivos se destacan:

- Universalidad y Accesibilidad: La LOGSE estableció que la educación es un derecho para todos los niños y jóvenes, enfatizando la importancia de la accesibilidad y la igualdad de oportunidades en la educación.
- Atención a la Diversidad: Uno de los aspectos más destacados de la LOGSE fue su enfoque en la atención a la diversidad. La ley reconocía que los estudiantes tienen diferentes necesidades y capacidades y que el sistema educativo debe ser capaz de adaptarse a estas diferencias.
- Integración de Estudiantes con Necesidades Educativas Especiales: La LOGSE promovió la integración de estudiantes con necesidades educativas especiales en las aulas regulares, siempre que fuera posible, y la provisión de recursos y apoyos específicos para facilitar esta integración.
- Reforma Curricular: La ley introdujo cambios significativos en el currículo, buscando adaptarlo a las necesidades de todos los estudiantes y promover un aprendizaje más personalizado.

Así, la implementación de la LOGSE marcó un cambio hacia un sistema educativo más inclusivo en España. Al promover la integración de estudiantes con necesidades educativas especiales y enfatizar la atención a la diversidad, la ley allanó el camino para una educación más adaptada a las necesidades individuales de los estudiantes.

Aunque la LOGSE representó un avance significativo en la educación inclusiva, también enfrentó desafíos en su implementación. La necesidad de recursos adecuados, formación docente especializada y desarrollo de metodologías inclusivas fueron aspectos que requerían atención continua. Si bien es verdad que estableció los cimientos para un sistema educativo que reconociera y valorara la diversidad de necesidades y capacidades de los estudiantes. Su enfoque en la universalidad, accesibilidad y atención a la diversidad sigue influyendo en las políticas educativas actuales, reflejando su legado duradero en la búsqueda de una educación equitativa y de calidad para todos.

2.3.7. LEY ORGÁNICA 9/1995 DE PARTICIPACIÓN, EVALUACIÓN Y GOBIERNO DE LOS CENTROS DOCENTES

La Ley Orgánica de Participación, Evaluación y Gobierno de los Centros Docentes (LOPEG), promulgada en España en 1995, fue una ley importante que introdujo cambios significativos en la gestión y organización de los centros educativos. Aunque su enfoque principal no era específicamente la educación inclusiva, la LOPEG tuvo implicaciones relevantes para la inclusión educativa a través de su énfasis en la participación y en la autonomía de los centros.

La promulgación de esta Ley tiene como objetivo adaptar el enfoque participativo y los aspectos relacionados con la organización y el funcionamiento de la educación a la nueva realidad educativa. Además, en coherencia con la Ley Orgánica de Ordenación General del Sistema Educativo (LOGSE) de 1990, la Ley proporciona un nuevo impulso a la participación y autonomía de los diversos sectores de la comunidad educativa, lo que contribuye a completar el marco legal en este sentido (Gallego y Rodríguez, 2017).

Como aspectos Clave de la LOPEG, se pueden destacar los siguientes:

- Participación y Autonomía de los Centros Educativos: La LOPEG promovió una mayor autonomía en la gestión de los centros educativos, permitiendo a las escuelas tener más control sobre sus programas educativos, recursos y enfoques pedagógicos. Esta autonomía se orientaba hacia una mayor adaptación a las necesidades específicas de sus comunidades y estudiantes.

- Evaluación y Calidad Educativa: La ley introdujo un enfoque más sistemático en la evaluación de la calidad educativa, buscando mejorar los estándares y resultados educativos a través de procesos de evaluación y retroalimentación más rigurosos.
- Participación de la Comunidad Educativa: La LOPEG enfatizaba la importancia de la participación de toda la comunidad educativa, incluyendo profesores, estudiantes, padres y administradores, en la toma de decisiones relacionadas con la gestión del centro.

Aunque la LOPEG no abordó directamente la educación inclusiva, sus disposiciones sobre la autonomía y la participación tuvieron implicaciones indirectas:

- Adaptación a Necesidades Diversas: La mayor autonomía de los centros permitió una mejor adaptación a las necesidades de todos los estudiantes, incluidos aquellos con necesidades educativas especiales.
- Inclusión en la Toma de Decisiones: Al fomentar la participación de toda la comunidad educativa, se promovía un entorno más inclusivo y receptivo a las diferentes perspectivas y necesidades.
- Desarrollo Posterior y Evaluación.

La implementación de la LOPEG representó un desafío en algunos aspectos, especialmente en lo que respecta a equilibrar la autonomía de los centros con la necesidad de mantener estándares y objetivos educativos coherentes a nivel nacional. Además, la efectividad de la participación de la comunidad educativa en la toma de decisiones varió entre los diferentes centros.

La LOPEG jugó un papel importante en la evolución del sistema educativo español, especialmente en términos de gestión y organización escolar. Aunque su enfoque no era específicamente la educación inclusiva, la ley contribuyó indirectamente a este objetivo al promover una mayor adaptabilidad y participación en los centros educativos, lo que puede facilitar un entorno más inclusivo y receptivo a la diversidad de necesidades estudiantiles.

2.3.8. LEY ORGÁNICA DE CALIDAD DE LA EDUCACIÓN. LOCE (2002)

La Ley Orgánica de Calidad de la Educación (LOCE), aprobada en España en 2002, fue una reforma educativa destinada a mejorar la calidad del sistema educativo español. Aunque su enfoque principal era elevar los estándares educativos y la calidad de la enseñanza, la LOCE tuvo también implicaciones en el ámbito de la educación inclusiva (García, 2017).

Como aspectos clave de la LOCE, se resumen los siguientes:

- Calidad y Rendimiento Educativo: La LOCE se centró en mejorar la calidad y el rendimiento del sistema educativo español. Estableció mecanismos para evaluar el desempeño escolar y promover la excelencia académica.
- Flexibilidad y Diversificación Curricular: La ley introdujo mayor flexibilidad en el currículo para adaptarse a las necesidades y capacidades de los estudiantes. La diversificación curricular tenía como objetivo atender mejor a los estudiantes con diferentes capacidades y estilos de aprendizaje.
- Autonomía de los Centros Educativos: La LOCE continuó con la tendencia de otorgar mayor autonomía a los centros educativos en la gestión de sus programas y recursos, lo que podía facilitar la adaptación a las necesidades específicas de su alumnado.

En relación a la implicación para la Educación Inclusiva, se puede decir que, aunque la LOCE no se centró explícitamente en la educación inclusiva, algunos de sus elementos tenían relevancia en este campo, tales como:

- Atención a la Diversidad: Al fomentar la flexibilidad y diversificación curricular, la ley apoyaba indirectamente la inclusión, al permitir que los centros educativos adaptaran su enseñanza a las necesidades de todos los estudiantes.
- Autonomía Escolar para la Inclusión: La mayor autonomía de los centros podía utilizarse para desarrollar enfoques más inclusivos que atendieran mejor a estudiantes con necesidades educativas especiales.

La implementación de la LOCE enfrentó críticas y desafíos, particularmente en lo que respecta a su enfoque en la calidad y el rendimiento académico, lo que algunos percibían como un posible descuido de la inclusión y la equidad educativa. La ley fue posteriormente reemplazada por la Ley Orgánica de Educación (LOE) en 2006, que puso un mayor énfasis en la inclusión y la igualdad educativa. Aun así, se puede decir que representó un esfuerzo importante por mejorar la calidad y el rendimiento del sistema educativo español.

2.3.9. LEY ORGÁNICA DE LA EDUCACIÓN (2006). LOE

La Ley Orgánica de Educación (LOE), aprobada en España en 2006, representó una reforma educativa integral que enfatizó la inclusión y la equidad en el sistema educativo. Esta ley abordó varios aspectos fundamentales de la educación, reforzando los principios de inclusión y atención a la diversidad.

Al igual que en epígrafes anteriores, como aspectos clave de la LOE, se pueden destacar los siguientes:

- Atención a la Diversidad: La LOE puso un énfasis especial en la atención a la diversidad, buscando garantizar que el sistema educativo sea capaz de responder a las necesidades de todos los estudiantes, incluidos aquellos con necesidades educativas especiales.
- Educación Inclusiva: La ley promovió explícitamente la inclusión educativa, abogando por la integración de estudiantes con discapacidad en el sistema educativo regular, siempre que fuera posible, y proporcionando los recursos y apoyos necesarios para facilitar esta integración.
- Calidad Educativa y Equidad: La LOE buscó equilibrar la calidad educativa con la equidad, asegurando que todos los estudiantes tuvieran acceso a una educación de calidad, independientemente de sus circunstancias personales, sociales o económicas.
- Autonomía y Participación: La ley continuó con la tendencia de otorgar mayor autonomía a los centros educativos, al mismo tiempo que fomentaba la participación de la comunidad educativa en la toma de decisiones.

En este marco normativo, sí que se encuentra en la LOE un enfoque explícito y significativo hacia la educación inclusiva, así se destaca como estableció un marco legal que promovía la integración de todos los estudiantes, incluidos los que tienen necesidades educativas especiales, en entornos de aprendizaje regulares. Del mismo modo subrayó la importancia de adaptar los métodos de enseñanza y evaluación a las necesidades individuales de los estudiantes.

La implementación de la LOE fue un paso importante en el camino hacia un sistema educativo más inclusivo y equitativo en España. Marcó un avance significativo en la promoción de la educación inclusiva en España. Al establecer un marco legal que enfatiza la igualdad de oportunidades y la atención a la diversidad, ha jugado un papel crucial en el desarrollo de un sistema educativo que busca no solo la excelencia académica, sino también la inclusión y la equidad para todos los estudiantes. Se puede decir que sentó las bases para continuar mejorando y adaptando el sistema educativo español a las necesidades de una sociedad diversa y en constante cambio.

2.3.10. LEY ORGÁNICA 8/2013 PARA LA MEJORA DE LA CALIDAD EDUCATIVA (2013). LOMCE

La Ley Orgánica para la Mejora de la Calidad Educativa (LOMCE), aprobada en España en 2013, representó otra fase significativa en la evolución del sistema educativo español, aunque generó debate y controversia en cuanto a su enfoque y objetivos. Esta ley, conocida popularmente como la «Ley Wert» por el ministro de educación que la promovió, se centró en varios aspectos clave con el objetivo de mejorar la calidad educativa y adaptar el sistema educativo a las necesidades cambiantes de la sociedad y la economía.

Primordialmente, la LOMCE introdujo cambios en la estructura del sistema educativo, la evaluación de los estudiantes y la autonomía de los centros. Uno de los aspectos más discutidos de la ley fue la implementación de evaluaciones estandarizadas al final de ciertas etapas educativas, conocidas como «reválidas», que eran determinantes para la progresión de los estudiantes en el sistema educativo. Además, la ley enfatizó la importancia de las materias consideradas fundamentales, como las ciencias y las matemáticas, y otorgó a los centros educativos una mayor autonomía para diseñar ciertos aspectos de sus currículos.

En cuanto a la educación inclusiva, aunque la LOMCE no revocó directamente los principios de inclusión establecidos en legislaciones anteriores como la LOE, sus críticos argumentaron que el enfoque en la evaluación estandarizada y el rendimiento académico podría tener efectos adversos en la inclusión educativa. Se planteó la preocupación de que estas medidas pudieran excluir o marginar a estudiantes con necesidades educativas especiales o aquellos que enfrentan desafíos en su aprendizaje.

Por otro lado, los defensores de la LOMCE argumentaron que la ley buscaba elevar los estándares educativos y preparar mejor a los estudiantes para los desafíos del siglo XXI. Sin embargo, la controversia en torno a la ley llevó a que varios de sus aspectos fueran objeto de revisión y modificación por gobiernos subsiguientes.

En resumen, la Ley Orgánica para la Mejora de la Calidad Educativa fue una legislación que generó un intenso debate en España, reflejando diferentes visiones sobre cómo mejorar el sistema educativo y cómo equilibrar la calidad, la equidad y la inclusión en la educación. Aunque su enfoque principal era mejorar la calidad educativa y la preparación de los estudiantes, las implicaciones de sus medidas para la educación inclusiva fueron un tema de discusión y análisis significativo.

2.4. MARCO LEGISLATIVO ACTUAL

A continuación, exploraremos el «Marco legislativo actual» en relación con la inclusión educativa en España, destacando dos aspectos fundamentales: la Agenda 2030 y los Objetivos de Desarrollo Sostenible (ODS) y su incidencia en la educación, y la Ley Orgánica 3/2020, de 29 de diciembre, que modifica la Ley Orgánica 2/2006, de 3 de mayo, de Educación. Ambos elementos representan hitos clave en la evolución hacia un sistema educativo más inclusivo y equitativo. La Agenda 2030, con sus ODS, establece un marco global para el desarrollo sostenible, incluyendo objetivos específicos que abordan la educación inclusiva y de calidad para todas las personas. Por otro lado, la Ley Orgánica 3/2020, conocida como LOMLOE, introduce reformas significativas en el sistema educativo español, reflejando un compromiso renovado con los principios de inclusión y equidad en la educación. Así, se analizará en detalle cómo estos marcos legislativos y normativos influyen y moldean las prácticas de inclusión educativa en España, subrayando su importancia en la promoción de una educación accesible y adaptativa para todos los estudiantes.

2.4.1. AGENDA 2030 Y LOS ODS. INCIDENCIA EN EDUCACIÓN

Actualmente, la educación debe satisfacer las necesidades de la sociedad con el propósito de brindar una formación completa a los estudiantes y establecer conexiones entre la enseñanza en las aulas y la dinámica social circundante (Boni y Calabuig, 2017, como se citó en Martínez, 2020). Es por ello que, en el diseño educativo, se ha de tener en cuenta la Agenda 2030 para el Desarrollo Sostenible y sus Objetivos de Desarrollo Sostenible (ODS), aprobados por la Asamblea General de Naciones Unidas en 2015 (Naciones Unidas, 2015a). Particularmente en relación al ODS 4:

- Garantizar una educación de calidad inclusiva y equitativa, y promover las oportunidades de aprendizaje permanente para todos.

La inclusión educativa es un componente central del ODS 4, reflejando la creencia de que todos, independientemente de su género, raza, situación económica, capacidad o cualquier otra circunstancia personal o social, tienen derecho a una educación de calidad. La inclusión educativa no se limita solo a la presencia física en el aula; implica también la participación activa y el éxito de todos los estudiantes en un entorno de aprendizaje que respete y valore la diversidad y fomente la igualdad de oportunidades.

La conexión del ODS 4 con la inclusión educativa se evidencia en varios de sus objetivos específicos y metas (Murillo y Duk 2017).

Asegurar que todas las niñas y niños completen la educación primaria y secundaria para el año 2030, garantizando que esta sea gratuita, equitativa y de alta calidad, y que produzca resultados educativos relevantes y efectivos.

1. Garantizar que todas las niñas y niños tengan acceso a servicios de cuidado y desarrollo en la primera infancia, así como a una educación preescolar de calidad, para que estén preparados para la enseñanza primaria.

2. Asegurar el acceso igualitario de hombres y mujeres a una educación técnica, profesional y superior de alta calidad, incluyendo la educación universitaria.

3. Eliminar las disparidades de género en la educación y garantizar un acceso igualitario para personas vulnerables, incluyendo personas con discapacidad, pueblos indígenas y niños en situaciones de vulnerabilidad, en todos los niveles de la enseñanza y la formación profesional.

4. Aumentar significativamente el número de jóvenes y adultos que poseen las habilidades necesarias, especialmente habilidades técnicas y profesionales, para acceder al empleo, el trabajo decente y el emprendimiento.

5. Garantizar que todos los jóvenes y al menos una proporción significativa de adultos, tanto hombres como mujeres, tengan competencias en lectura, escritura y aritmética a un nivel funcional.

6. Asegurar que todos los estudiantes adquieran los conocimientos teóricos y prácticos necesarios para promover el desarrollo sostenible. Esto incluye la educación para el desarrollo sostenible, la promoción de estilos de vida sostenibles, los derechos humanos, la igualdad de género, la cultura de paz, la no violencia, la ciudadanía global y la valoración de la diversidad cultural, así como la contribución de la cultura al desarrollo sostenible.

De todas ellas se destaca especialmente la meta número 4 por ser la que más explícitamente hace referencia a la garantía de igualdad de condiciones para las personas con discapacidad entre otros colectivos.

En este contexto, es evidente que la implementación efectiva del ODS 4 requiere un enfoque holístico que reconozca la diversidad de necesidades y experiencias de los estudiantes. Esto implica adaptar los currículos, las metodologías de enseñanza y las evaluaciones para ser inclusivos y accesibles, además de capacitar a los educadores en prácticas inclusivas y en la identificación y apoyo de las necesidades educativas especiales (Negrín et al., 2021).

El paradigma de la equidad en el sistema educativo se basa en las dimensiones sociales y ambientales, complementando la dimensión económica, para obtener una comprensión completa de los desafíos actuales y cómo abordarlos. El objetivo es abordar estos problemas de manera integral, reconociendo la interacción entre estas dimensiones, con el objetivo de legar a las generaciones futuras un planeta gestionado de manera sostenible. Esto implica reconocer que todas estas dimensiones están interconectadas y no jerarquizadas.

La implementación de estos objetivos requiere la participación activa de gobiernos, organizaciones tanto públicas como privadas, ONG, empresas y la sociedad civil en su conjunto. Esto incluye a todas las personas, independientemente de su origen o clase social, ya que todos desempeñan un papel importante en la consecución de estos objetivos. Incluso en las sociedades más desarrolladas, existen desigualdades en el progreso a lo largo del territorio, lo que destaca la importancia de abordar estos desafíos de manera inclusiva y equitativa (Negrín et al., 2021).

Este enfoque se alinea con la visión de la Asamblea General de las Naciones Unidas y busca promover la colaboración y la acción conjunta de todos los actores de la sociedad para lograr un desarrollo sostenible y equitativo (Bórquez y Lopicich, 2017).

Por todo ello, la incorporación de los Objetivos de Desarrollo Sostenible (ODS) en el currículo implica la creación de conexiones entre el contenido educativo y las necesidades de la sociedad, lo que a su vez requiere un examen crítico del contexto socio-cultural desde las aulas. Este enfoque busca no solo transformar dicho contexto, sino también integrar una perspectiva global de la realidad social en el proceso educativo (Martínez, 2020). Así, la labor educativa desempeña un papel fundamental en la promoción de la inclusión y la equidad en la sociedad al contribuir al proceso de transformación social, se convierte en un agente clave para avanzar hacia una sociedad más equitativa y justa.

La Ley Orgánica de Modificación de la Ley Orgánica de Educación (LOMLOE), que entró en vigor el 19 de enero de 2021, revoca las disposiciones introducidas por la Ley Orgánica para la Mejora de la Calidad Educativa (LOMCE) en 2013 y establece el espíritu de la Agenda 2030 en el sistema educativo español. Esta ley reconoce la imperiosa necesidad de que la educación (ODS-4) desempeñe un papel central en la promoción del desarrollo sostenible en España, con el objetivo de cumplir con los Objetivos de Desarrollo Sostenible (ODS) en un plazo de nueve años hasta 2030. La LOMLOE impulsa la implementación de los ODS y la Educación para el Desarrollo Sostenible y Ciudadanía Global (EDS-ECG) en los centros educativos.

En su articulado, esta ley orgánica incorpora las disposiciones establecidas en el Plan de Acción para la Implementación de la Agenda 2030 (DGPOLDES, 2019a) Además, se deben seguir las pautas detalladas en la hoja de ruta proporcionada por el Ministerio de Derechos Sociales y Agenda 2030 en 2020 (Ministerio de Derechos Sociales y Agenda 2030, 2020a y 2020b).

2.4.2. LEY ORGÁNICA 3/2020, DE 29 DE DICIEMBRE, POR LA QUE SE MODIFICA LA LEY ORGÁNICA 2/2006, DE 3 DE MAYO, DE EDUCACIÓN LOMLOE

La Ley Orgánica 3/2020, de 29 de diciembre, por la que se modifica la Ley Orgánica 2/2006, de 3 de mayo, de Educación (LOMLOE), en coherencia con lo descrito anteriormente, recoge términos relacionados con la Agenda 2030. Así, se encuentra de forma explícita el término hasta en siete ocasiones en su preámbulo y disposiciones adicionales cuarta y sexta (Negrín et al., 2021).

En el preámbulo de la LOMLOE, se reconoce la importancia de la educación en el desarrollo individual y colectivo, subrayando su papel en la promoción del bienestar, la construcción de la personalidad, el respeto a las diferencias individuales, y la cohesión social. La ley destaca la evolución de los sistemas educativos y la necesidad de su actualización continua para adaptarse a las circunstancias cambiantes y a las expectativas depositadas en ellos. Se hace énfasis en la universalización de la enseñanza primaria y la extensión del acceso a la educación secundaria como objetivos históricos, así como en la calidad y la equidad como principios indisociables de la educación.

Igualmente, aborda específicamente la educación para el desarrollo sostenible y la ciudadanía mundial en la disposición adicional sexta, estableciendo que debe ser parte integral de los planes y programas educativos en todos los niveles de enseñanza obligatoria. Esta educación incluye conocimientos, capacidades, valores y actitudes necesarias para vivir de manera fructífera, tomar decisiones fundamentadas y participar activamente a nivel local y mundial en la resolución de problemas globales. La ley reconoce la importancia de la educación en la paz y los derechos humanos, la comprensión internacional y la educación intercultural, así como en la transición ecológica para abordar la emergencia climática.

Ahora bien, atender a la diversidad es un gran desafío al que se enfrenta la actual regulación legislativa y supone un importante compromiso por parte del Estado Español, es por ello que la educación inclusiva debe de estar enmarcada en dicho compromiso nacional con los marcos normativos que se desarrollen. (Casado y Medina, 2023).

Es importante destacar, cómo se ha descrito en capítulos anteriores, que el concepto de atención a la diversidad abarca a todos los estudiantes y busca proporcionar una respuesta educativa tanto en términos organizativos como curriculares, especialmente dirigida a aquellos estudiantes que tienen necesidades específicas de apoyo educativo (Pascual-Sevillano et al., 2019).

Este enfoque se encuentra explícitamente reflejado en el marco normativo vigente, así, centrando la cuestión en la educación inclusiva, se puede manifestar que la LOMLOE lo aborda como principio fundamental. Tal y como manifiestan (Fernández y Malvar, 2021).

> La educación, desde los posicionamientos de la LOMLOE, se define como el medio más idóneo para transmitir y, al mismo tiempo, renovar la cultura y el acervo de conocimientos y valores que la sustentan, extraer las máximas posibilidades de sus fuentes de riqueza, fomentar la convivencia democrática y el respeto a las diferencias individuales, promover la solidaridad y evitar la discriminación, con el objetivo fundamental de lograr la necesaria cohesión social (p. 23).

En cuanto a la atención a la diversidad, encontramos en la LOMLOE (2020):

La equidad, que garantice la igualdad de oportunidades para el pleno desarrollo de la personalidad a través de la educación, la inclusión educativa, la igualdad de derechos y oportunidades, también entre mujeres y hombres, que ayude a superar cualquier discriminación y la accesibilidad universal a la educación, y que actúe como elemento compensador de las desigualdades personales, culturales, económicas y sociales, con especial atención a las que se deriven de cualquier tipo de discapacidad, de acuerdo con lo establecido en la Convención sobre los Derechos de las Personas con Discapacidad, ratificada en 2008, por España (p. 13).

En relación a los aspectos relacionados con la educación inclusiva, social y laboral, podemos encontrar novedades, en referencia a la LOE, tales como:

1. Cuando las circunstancias personales del alumno o alumna con necesidades educativas especiales lo aconsejen para la consecución de los objetivos de la enseñanza básica, este alumnado podrá contar con un curso adicional. Estas circunstancias podrán ser permanentes o transitorias y deberán estar suficientemente acreditadas.
2. Con objeto de reforzar la inclusión educativa, las administraciones educativas podrán incorporar a su oferta educativa las lenguas de signos españolas.
3. Con la finalidad de facilitar la inclusión social y laboral del alumnado con necesidades educativas especiales que no pueda conseguir los objetivos de la educación obligatoria, las Administraciones públicas fomentarán ofertas formativas adaptadas a sus necesidades específicas.
4. Las Administraciones educativas establecerán una reserva de plazas en las enseñanzas de formación profesional para el alumnado con discapacidad. (pp. 43-44).

En este contexto, se puede afirmar que la Ley Orgánica de Modificación de la Ley Orgánica de Educación (LOMLOE) de 2020 representa un avance en lo que respecta a la atención a la diversidad y la búsqueda de la equidad en el sistema educativo. Se destaca especialmente la tendencia a enfocar la atención a la diversidad en la individualización de la educación, con el propósito de promover el desarrollo integral de todos los estudiantes.

Concluyendo el capítulo, podemos destacar las principales conclusiones relacionadas con la evolución legislativa hacia la inclusión:

- El concepto de inclusión comenzó a tomar forma en 1990 en la UNESCO, durante la Conferencia Mundial sobre Educación para Todos, que se llevó a cabo en Jomtien. Fue en este contexto donde se empezó a desarrollar la idea de satisfacer las Necesidades Básicas de Aprendizaje.

- La Declaración de Salamanca marcó un hito importante al consolidar el derecho a una educación inclusiva y de calidad para todos. Esta declaración enfatizó la necesidad de que los sistemas educativos se adapten a la perspectiva inclusiva de la educación, considerando a todos los alumnos por igual, sin exclusiones.
- En 1996, se estableció la Agencia Europea para las Necesidades Educativas Especiales y la Inclusión Educativa como una organización autónoma e independiente compuesta por 31 países, tanto dentro como fuera de la Unión Europea. Esta agencia se creó con el propósito de servir como una plataforma de colaboración en el ámbito de la educación inclusiva y las necesidades educativas especiales. Su enfoque abarca políticas, prácticas e investigación, y su objetivo es proporcionar a los países miembros y a las partes interesadas a nivel europeo información y orientación basadas en evidencia para la implementación de la educación inclusiva en los países.
- La Observación General n.º 4, que aborda el derecho a la educación inclusiva tal como se refleja en la Convención sobre los Derechos de las Personas con Discapacidad, ofrece una detallada exploración del significado de la educación inclusiva. Además, destaca las responsabilidades de los Estados en la garantía de una educación inclusiva y de alta calidad. Este documento sirve como fuente de inspiración para los Estados, guiándolos en la implementación efectiva de una educación inclusiva y de calidad para todos.
- En 1970, la Ley General de Educación (LGE) marcó un hito significativo en la legislación educativa de España al enfatizar el principio de igualdad de oportunidades para todos los ciudadanos en el ámbito educativo. Sin embargo, en ese momento, la educación especial se consideraba como un sistema paralelo al sistema educativo ordinario.
- Una contribución clave para cambiar la perspectiva de cómo se aborda la educación de los alumnos con Necesidades Educativas Especiales (NEAE) fue el Real Decreto 334/1985, que estableció la regulación de la Educación Especial. Este decreto introdujo una nueva definición de atención educativa especial, la cual se concibe como un conjunto de apoyos y adaptaciones necesarios para que los alumnos con discapacidad puedan ejercer su derecho a la educación. Este enfoque se centra en los apoyos que requiere el alumno

para avanzar, en lugar de centrarse en la discapacidad en sí misma, lo que representa un enfoque más positivo y progresista.

- En lo que respecta a la participación de las familias de estudiantes con Necesidades Educativas Especiales (NEAE) en el sistema escolar, es importante destacar la limitada mención en la legislación. La inclusión de esta temática comienza a cobrar relevancia a partir de la Ley Orgánica de Ordenación General del Sistema Educativo (LOGSE) de 1990, en la cual el artículo 37.4 aborda la participación de los padres en términos bastante generales.

- El Real Decreto 696/1995 representa un punto de referencia clave en la legislación, ya que aborda de manera detallada la participación de las familias en el sistema educativo. Este decreto dedica un artículo completo a describir esta participación. En el artículo 9 se establece que los padres, y en su caso, las familias o tutores, tienen derecho a recibir información continua sobre todas las decisiones relacionadas con la educación de sus hijos. Esta información abarca desde antes de la matriculación hasta todo el proceso educativo, y se presta especial atención cuando se trata de condiciones de escolarización, asignación de recursos personales o decisiones curriculares de carácter extraordinario.

- En la etapa de enseñanza obligatoria, los padres o tutores tienen el derecho de elegir el centro escolar donde inscribir a sus hijos con Necesidades Educativas Especiales (NEE). Esta elección debe basarse en la disponibilidad de recursos personales y materiales adecuados que garanticen una atención educativa de alta calidad. La decisión se toma en función del dictamen resultante de la evaluación psicopedagógica y siguiendo los criterios generales establecidos para la admisión de alumnos.

- El Ministerio de Educación avanza progresivamente para fomentar la colaboración de los padres en la identificación de las necesidades de sus hijos, así como en las acciones preventivas o de apoyo, reconociendo el valor educativo y, en ciertos casos, de rehabilitación, de las actividades cotidianas que se llevan a cabo en el entorno familiar.

- En la Ley Orgánica de Calidad de la Educación (LOCE) de 2002, en el capítulo VII dedicado a la atención a los alumnos con necesidades educativas específicas, se hace mención de manera general a la participación de las familias.

- La Ley Orgánica de Educación (LOE) de 2006 es la primera norma con rango de ley que aborda de manera integral la equidad en la educación, dedicando un título completo (Título II) al alumnado con necesidades educativas específicas (NEAE). Los artículos 71.4 y 79.3 de esta ley hacen referencia a la participación de las familias de la siguiente manera:
  - Las Administraciones educativas tienen la responsabilidad de garantizar la escolarización, regular y asegurar la participación de los padres o tutores en las decisiones relacionadas con la educación y la escolarización de estos alumnos. También deben tomar medidas para proporcionar asesoramiento individualizado a los padres y la información necesaria para apoyar la educación de sus hijos.
  - Las Administraciones educativas deben adoptar las medidas necesarias para que los padres o tutores de los alumnos que se incorporan al sistema educativo de manera tardía reciban el asesoramiento adecuado sobre sus derechos, responsabilidades y oportunidades al ingresar en el sistema educativo español.
- El papel desempeñado por los padres de niños con NEAE en la escolarización de sus hijos es de suma importancia. Por lo tanto, es esencial que los padres estén familiarizados con la legislación educativa que les concierne, lo que les permitirá conocer sus derechos y los de sus hijos. Esto les brindará la capacidad de reclamarlos si es necesario, en caso de circunstancias que lo requieran.
- La Agenda 2030 y sus Objetivos de Desarrollo Sostenible, junto con la reciente reforma de la Ley Orgánica de Educación a través de la Ley Orgánica 3/2020, conforman un marco legislativo renovador y desafiante para el sistema educativo español. La incidencia de estos marcos en la educación se centra en promover una educación inclusiva, equitativa y de calidad, en línea con el ODS 4, que busca garantizar una educación inclusiva y equitativa de calidad y promover oportunidades de aprendizaje permanente para todos. Se convierten en un compromiso ético y social para educadores, estudiantes y la sociedad en su conjunto.

3

El papel de la familia en la educación

El análisis de la definición de educación inclusiva y de la legislación y normativas que la enmarcan revela la importancia crucial de la participación de todos los agentes sociales en la consecución de una educación de calidad y verdaderamente inclusiva. Dentro de este panorama, la familia emerge como uno de los agentes más significativos. Su relación e interacción con el entorno escolar no solo son fundamentales, sino que han sido objeto de estudio extenso debido al impacto positivo que una colaboración efectiva entre estos dos agentes puede tener en todo el alumnado, especialmente en aquellos en situaciones de mayor vulnerabilidad.

La implicación activa de las familias en la educación es vital por varias razones. En primer lugar, las familias aportan un conocimiento íntimo y detallado sobre sus hijos, que puede ser invaluable para los educadores en la adaptación de sus métodos y estrategias de enseñanza. Este conocimiento es especialmente crucial para estudiantes con necesidades educativas especiales, donde el entendimiento detallado de sus habilidades, desafíos y preferencias puede guiar la personalización del proceso educativo.

Además, la participación de las familias en el proceso educativo fomenta un entorno más holístico para el aprendizaje y la colaboración mutua también es esencial para desarrollar estrategias educativas efectivas y es particularmente crucial para aquellos en situaciones de mayor vulnerabilidad.

3.1. INTRODUCCIÓN

En este capítulo, se aborda la importancia de la relación entre las familias de alumnos con NEAE y la escuela en el contexto de garantizar una educación inclusiva y de calidad. Si bien en el capítulo anterior se examinó esta colaboración desde la perspectiva de la legislación y la normativa, que insta a los centros a fomentar y consolidar esta cooperación, otorgando a las familias el derecho a participar activamente en la educación de sus hijos, es fundamental reconocer que el marco legal, por sí solo, no modifica las actitudes y prácticas de las familias al ejercer su participación (Rivas, 2007).

Para ir más allá del ámbito normativo, es esencial destacar la importancia de la relación entre la familia y la escuela como uno de los elementos fundamentales para promover la inclusión escolar de los alumnos con NEAE. Numerosos autores sostienen que la calidad de esta relación y el grado de participación de las familias son indicadores de calidad de un centro educativo (Marchesi, 2004; Rosario et al., 2006). Esta colaboración beneficia al centro en su conjunto, incluyendo a estudiantes, profesores y familias (García-Bacete, 2003).

La escuela y la familia son entornos de crianza y lugares donde se adquieren patrones compartidos. La capacidad de promover el desarrollo del niño en gran medida depende de los lazos y conexiones que se establecen entre estos dos entornos (Brofenbrenner, 1987).

3.2. DIMENSIONES Y ROL DE LAS FAMILIAS EN EL DESARROLLO EDUCATIVO

A lo largo de la historia, el concepto de familia ha experimentado cambios significativos, evolucionando con el transcurso de los diferentes momentos históricos. La concepción actual de familia difiere considerablemente de las nociones más antiguas en las que se consideraba a la familia como una unidad compuesta por la madre, el padre y los hijos biológicos. Esta visión ha evolucionado y ya no representa a una parte significativa de las estructuras familiares contemporáneas.

En el estudio de la familia, se han propuesto diversas definiciones a lo largo del tiempo. En este contexto, nos centraremos en dos concepciones fundamentales que resultan relevantes para el propósito de este trabajo. En primer lugar, la definición de la familia según Rodrigo y Palacios 1998) se enfoca en la relación establecida entre sus miembros. Según estos autores, la familia es «la unión de personas que comparten un proyecto vital de existencia en común que se quiere duradero, en el que se generan fuertes sentimientos de pertenencia a dicho grupo, existe un comportamiento personal entre sus miembros y se establecen intensas relaciones de intimidad, reciprocidad y dependencia» (p. 33). Esta definición no solo se centra en la estructura de la familia, sino también en las metas compartidas por sus miembros.

Por otro lado, la definición de familia ofrecida por Poston et al. (2004) también es relevante para nuestro análisis. Esta definición aborda la diversidad de las estructuras familiares contemporáneas y reconoce que la familia puede adoptar diversas formas más allá de la tradicional madre-padre-hijos. Los autores describen a la familia como un grupo de personas unidas por lazos de parentesco, ya sea por nacimiento, matrimonio, adopción o compromiso, que comparten recursos emocionales, económicos y sociales, y que interactúan y se apoyan mutuamente en sus vidas cotidianas, igualmente manifiestan que «la familia se entiende como las personas que piensan en sí mismas como parte de la familia, ya estén relacionadas por sangre o matrimonio o no, y que se apoyan y cuidan entre sí de forma regular» (Poston et al., 2004, p. 38).

Turnbull, Turnbull, Erwin y Soodak (2006) complementan estas definiciones al enfatizar que las funciones de la familia deben centrarse en proporcionar afecto, autoestima, apoyo económico, cuidado diario, socialización, actividades recreativas y educación a todos sus miembros. Según estos autores, ser padres implica asumir la responsabilidad de guiar a los hijos en su crecimiento y desarrollo de manera satisfactoria.

Es evidente que no existe un consenso absoluto en torno a la definición del concepto de familia. Sin embargo, lo que sí parece estar ampliamente aceptado es el reconocimiento de la importancia del entorno familiar en el desarrollo de los niños.

Basándonos en las perspectivas de diferentes autores, como Bornstein (2002), Bradley (2002), Bradley y Caldwell (1995), y Rodrigo y Palacios (1998), las funciones de la familia en relación con sus hijos, desde una perspectiva educativa y evolutiva, pueden resumirse de la siguiente manera:

- Garantizar la supervivencia y el crecimiento saludable de sus hijos.
- Brindar un entorno de afecto y apoyo emocional necesario para el desarrollo psicológico saludable de los niños.
- Proporcionar la estimulación adecuada que permita a los niños adquirir habilidades para relacionarse de manera competente con su entorno físico y social.
- Tomar decisiones relacionadas con la apertura de sus hijos hacia otros contextos educativos que compartirán la responsabilidad de educar y socializar al niño, siendo la escuela uno de los contextos más destacados.

A continuación, se presenta las funciones de la familia según Freixa (2003), resumidas en la Tabla 3.

Tabla 3. Funciones de la familia

Funciones	Descripción
Económica	Los adultos que forman parte de la familia tienen la responsabilidad de adquirir y gestionar un presupuesto económico que abarque todas las necesidades financieras de la familia. Esto incluye la adquisición de artículos de consumo relacionados con la alimentación, la vestimenta y la educación, entre otros aspectos.
Cuidado físico	Estas tareas cotidianas hacen referencia a las actividades diarias que forman parte de la vida familiar, como cocinar, lavar la ropa, planchar, limpiar el hogar y cuidar de la higiene personal.
Descanso y recuperación.	La familia debe proporcionar un ambiente tranquilo y propicio para el descanso y la relajación, lo que es fundamental para la salud mental de sus miembros. Esto incluye la posibilidad de recuperarse en caso de enfermedad y disfrutar del tiempo de ocio.
Socialización	La familia desempeña un papel fundamental, ya que es en este entorno donde aprende a relacionarse con los demás. La familia actúa como guía en este proceso de socialización, transmitiendo valores, actitudes y creencias propios de su cultura y del individuo.
Autodefinición	Las relaciones familiares y la manera en que reflejan nuestro concepto acerca de nosotros mismos tienen un impacto significativo en la construcción de nuestra identidad y en la comprensión de las expectativas que la familia tiene hacia nosotros.
Afectividad.	La familia desempeña un papel fundamental en la gestión de una amplia gama de emociones y experiencias humanas, incluyendo sentimientos de culpa, preocupación, fracaso, enfado, dolor, alegría y felicidad. Proporciona un ambiente de apoyo y pertenencia que permite a sus miembros expresar estos sentimientos.
Educación	La familia transmite valores, orientación para la vida y un conjunto de creencias familiares. Este papel es esencial para ayudar a los niños a resolver problemas, comprender sus acciones y relaciones con los demás, y fomentar su autonomía. La función de la familia como guía y transmisora de valores es una de las más arraigadas y extendidas en la sociedad.

Nota: Elaboración propia.

3.2.1. LA FAMILIA COMO ENTORNO DE DESARROLLO Y APRENDIZAJE

Según Muñoz (2005, p. 150), la familia se considera en la actualidad como un sistema complejo en interacción continua con otros sistemas, con diversas e importantes funciones en el desarrollo de los hijos. A medida que los niños crecen, experimentan la influencia de contextos diferentes a la familia, lo que aumenta en cantidad y complejidad (Muñoz, 2005). Sin embargo, durante los primeros años de vida de los seres humanos, la familia desempeña un papel crucial en su desarrollo, siendo el contexto de desarrollo por excelencia.

Para Palacios y Rodrigo (1998), la familia es el entorno de crianza y educación más deseable para niños y adolescentes, ya que es el que mejor puede promover su desarrollo personal, social e intelectual y protegerlos de situaciones de riesgo.

Desde la perspectiva de la teoría ecológica de Bronfenbrenner (1979), el desarrollo de un individuo se ve influenciado por diferentes sistemas ambientales en los que interactúa. Estos sistemas forman capas concéntricas, cada una abarcando más que la anterior, similar a las muñecas rusas. Bronfenbrenner identifica cuatro sistemas: el microsistema, el mesosistema, el exosistema y el macrosistema.

El microsistema representa el nivel más cercano al individuo e incluye las actividades, roles y relaciones personales que experimenta en su desarrollo. «Es el lugar en el que la persona puede interactuar cara a cara fácilmente, como en el hogar, el trabajo, los amigos» (Bronfenbrenner, 1976, 1977a, 1977b, 1979, 1992). El desarrollo se produce en diversos microsistemas, siendo el más importante para el desarrollo del niño la familia, seguido del microsistema escolar.

El mesosistema abarca las relaciones entre dos o más microsistemas en los que el individuo participa directamente. En el contexto de este trabajo, se puede mencionar la relación entre la familia y la escuela.

El exosistema se refiere a un contexto social más amplio que influye en los entornos cercanos al niño. Incluye estructuras sociales e institucionales que afectan a la vida del individuo, aunque este no participe directamente en ellas, como el lugar de trabajo de los padres, entre otros.

Así, la familia desempeña un papel fundamental en el desarrollo de los niños, especialmente durante sus primeros años de vida, y se encuentra inmersa en un sistema de relaciones complejas que influyen en su crecimiento y desarrollo. Esta perspectiva ecológica ayuda a comprender la importancia de la familia en el contexto más amplio de la vida de un niño (Muñoz, 2005; Palacios y Rodrigo, 1998; Bronfenbrenner, 1979).

El exosistema, según Bronfenbrenner, abarca diversos entornos en los que una persona no participa directamente pero que influyen en sus relaciones y circunstancias políticas, culturales e históricas. Para comprender el desarrollo, este autor enfatiza las interrelaciones e interacciones dentro y entre los diferentes sistemas propuestos (Bronfenbrenner, 2002). Este enfoque conceptual se alinea con la idea de educación inclusiva, destacando el valor educativo de la comunidad y la contribución de todos los agentes al desarrollo personal y social, con énfasis en el papel principal de la familia como agente de socialización.

La familia, la escuela y la comunidad son considerados los contextos más influyentes en la socialización de los niños, con la capacidad de tanto favorecer como inhibir su desarrollo y educación. Este enfoque resalta la importancia de la interacción entre estos contextos en la formación del niño (Bernheimer y Keogh, 1995).

Bernheimer y Keogh (1995) introducen un enfoque adicional al modelo ecológico de Bronfenbrenner, denominado «ecocultural», que sostiene que las familias responden activamente a sus circunstancias y construyen ambientes que orientan sus vidas. Argumentan que las familias proporcionan oportunidades de aprendizaje y desarrollo a los niños y que las rutinas diarias están influenciadas por los valores familiares, lo que impacta en las experiencias y actividades de los niños.

En consecuencia, la familia se convierte en el principal lugar de educación, promoviendo el desarrollo personal y social, y desempeñando un papel fundamental en la comunicación. Los padres se convierten en agentes clave en la educación de sus hijos, ya que tienen la mayor influencia en su comportamiento y desarrollo. La integración activa de la familia en el proceso educativo es fundamental para optimizar la intervención educativa (Alfonso, 2010).

3.2.2. DINÁMICAS FAMILIARES EN LA EDUCACIÓN DE ALUMNOS CON NEAE

A lo largo de la historia, la percepción de la institución escolar ha experimentado cambios significativos en la sociedad. En la década de los años cincuenta, existía una confianza absoluta por parte de las familias y la sociedad en la labor educativa de la escuela. En ese período, no se cuestionaban los métodos de enseñanza ni los contenidos, y asistir a la escuela se consideraba un privilegio. Con el tiempo, se desarrolló una conciencia de que lo que sucedía en la escuela también era relevante para las familias, y comenzaron a surgir cuestionamientos sobre los enfoques pedagógicos y los derechos educativos. Esta etapa marcó la transición hacia la idea de que la educación era un derecho.

Finalmente, se consolidó la convicción de que las familias no debían permanecer ajenas a la vida escolar, y a partir de los años setenta se reconoció que la escuela, además de ser obligatoria, pertenecía a todos los miembros de la sociedad (Maeztu, 2004).

La familia y la escuela, concebidas como sistemas abiertos, desempeñan funciones diferentes pero complementarias. La cooperación entre ambas instituciones es fundamental para que puedan cumplir eficazmente sus respectivas funciones (Bolívar, 2006).

Aunque a menudo se perciban como «dos mundos distintos», la familia y la escuela están destinadas a colaborar estrechamente en la educación de los niños. Los padres comparten la responsabilidad de los aprendizajes escolares de sus hijos en la misma medida que la escuela y los propios estudiantes (Simón y Echeita, 2012).

La familia y la escuela son dos de los agentes de socialización más importantes en la vida de los niños y niñas. Ambos tienen el objetivo de educar integralmente a los menores, es decir, de ayudarles a desarrollar sus capacidades físicas, cognitivas, socioemocionales y morales. Su relación se justifica en los siguientes aspectos siguiendo a Palacios y Paniagua (1993):

- Comparten el objetivo de educar integralmente a los niños y niñas

La familia y la escuela comparten el objetivo de educar integralmente a los niños y niñas. Esto significa que ambos agentes de socialización tienen el compromiso de ayudar a los menores a desarrollar sus capacidades físicas, cognitivas, socioemocionales y morales.

Para alcanzar este objetivo, la familia y la escuela deben colaborar estrechamente. Los padres y madres deben apoyar la educación de sus hijos e hijas en la escuela, y los docentes deben informar a los padres y madres sobre el progreso de sus hijos e hijas en el aula.

- Una buena relación contribuye a generar seguridad en los menores

Una buena relación entre la familia y la escuela contribuye a generar seguridad en los menores. Cuando los niños y niñas perciben que sus padres y madres y sus docentes están trabajando juntos en su educación, se sienten más seguros y apoyados.

La seguridad es un factor fundamental para el desarrollo integral de los niños y niñas. Cuando los niños y niñas se sienten seguros, pueden centrarse en aprender y crecer.

• Comparten información relevante

La familia y la escuela comparten información relevante sobre los niños y niñas. Los padres y madres deben informar a los docentes sobre el desarrollo de sus hijos e hijas, y los docentes deben informar a los padres y madres sobre el progreso de sus hijos e hijas en el aula.

La información compartida entre la familia y la escuela permite a ambos agentes de socialización tomar mejores decisiones sobre la educación de los niños y niñas.

• Exponen a los niños a modelos compartidos

La familia y la escuela exponen a los niños a modelos compartidos. Los padres y madres son modelos a seguir para sus hijos e hijas, y los docentes también pueden ser modelos a seguir.

Cuando los niños y niñas ven a sus padres y madres y a sus docentes comportándose de manera adecuada, aprenden a comportarse de la misma manera.

• Intercambian experiencias que permiten a los docentes aprender de los padres y viceversa

La familia y la escuela intercambian experiencias que permiten a los docentes aprender de los padres y viceversa. Los padres y madres pueden proporcionar a los docentes información valiosa sobre sus hijos e hijas, y los docentes pueden proporcionar a los padres y madres información valiosa sobre la educación.

El intercambio de experiencias entre la familia y la escuela permite a ambos agentes de socialización mejorar su práctica educativa.

En palabras de Bolívar (2006), La escuela es un agente de socialización importante, pero no es el único. La familia y los medios de comunicación también desempeñan un papel importante en la educación de los niños y niñas. En la actualidad, la escuela se enfrenta a nuevos desafíos. Las nuevas formas de socialización, como los medios de comunicación, tienen un gran impacto en la educación de los niños y niñas. Para responder a estos desafíos, la escuela debe replantearse su forma de educar y colaborar con la familia y la comunidad.

Específicamente, la escuela debe:

- Dar un nuevo significado a su acción con nuevos modos. Esto significa que la escuela debe adaptarse a los nuevos desafíos y desarrollar nuevas estrategias educativas.
- Colaborar con las familias. La colaboración entre la escuela y la familia es esencial para garantizar una educación integral para los niños y niñas.
- Insertarse en la comunidad. La escuela debe estar vinculada con la comunidad para aprovechar los recursos y oportunidades que esta ofrece.

La participación de los padres en el contexto educativo se considera un medio crucial para canalizar la colaboración entre la familia y la escuela (Rivas, 2007). Sin embargo, a lo largo de la historia, las relaciones entre ambas han estado marcadas en ocasiones por una falta de comunicación evidente (Serdio, 2008). Algunos autores han descrito esta relación como una «crónica de un desencuentro» (Fernández-Enguita, 1993), mientras que otros han destacado un desfase significativo entre las expectativas y la realidad (García-Bacete, 2003).

La pregunta sobre si la familia debe actuar como apoyo psicopedagógico para la escuela o si la escuela debe estar al servicio de la familia ha generado debates (García, 1994). Rodrigo y Palacios (1998) señalan que, aunque la colaboración entre la familia y la escuela se menciona con frecuencia, en la práctica, esta colaboración a veces es más un tema de discurso que de acción concreta.

A pesar de que todos los implicados en el entorno educativo reconocen la importancia de esta colaboración, la realidad en los centros educativos a menudo revela una comunicación ambigua y disfuncional (García-Bacete, 2006).

3.3. INTERACCIÓN Y COOPERACIÓN FAMILIA-CENTRO EDUCATIVO

El concepto de «participación de los padres» abarca una amplia gama de acciones relacionadas con el compromiso y la implicación personal, que van desde la educación brindada en el hogar hasta la identificación y la participación activa en las actividades escolares (Jiménez, 2015).

Para promover la participación familiar, el punto de mira no debe centrarse en las diferencias que existen entre los procesos educativos que desempeña cada una de estas instituciones, sino en aquello que las une.

Ante esta afirmación surgen los cuestionamientos acerca de identificar qué elementos los une, qué rol ha de asumir la familia en el centro, qué actitudes debieran manifestar los padres en su función de ayudar en los aprendizajes de sus hijos, qué tareas debieran desempeñar los padres y cómo debieran hacerlo para que sirvan de soporte a la escuela y ésta pueda continuar la educación e instrucción sobre una base sólida de valores morales y principios que facilite la formación académica (Jiménez, 2015, p. 60).

Según Simón y Echeita (2012), para construir una alianza efectiva entre la escuela y la familia, es fundamental considerar los siguientes elementos centrales:

- Confianza y respeto mutuo.
- Habilidad para escuchar y establecer una comunicación bidireccional desde una posición de igualdad.
- Reconocimiento de que cada uno, ya sea la familia o el profesor, aporta conocimientos y habilidades beneficiosas para ambos.
- Valoración de las fortalezas tanto de cada familia como de cada profesor.

Los mismos autores proponen una serie de pasos para mejorar la alianza entre la escuela y la familia:

- Escuchar las voces de todos los miembros de la comunidad educativa, lo que implica reconocer y valorar a cada uno. Esto implica un cambio desde una visión individualista, donde padres y profesores actúan por separado, hacia una visión conjunta de comunidad educativa, donde el todo es más que la suma de las partes individuales (Gallego, 2011).
- Construir una relación de cooperación y participación basada en la confianza mutua, el respeto y la convicción de que todas las familias tienen algo valioso que aportar.
- Partir de las fortalezas de las familias, como su conocimiento y competencia, como base para construir esta alianza.

Estos pasos pueden contribuir significativamente a mejorar la colaboración entre la escuela y la familia, promoviendo así una educación inclusiva y de calidad (Simón y Echeita, 2012).

Efectivamente, numerosos estudios han destacado los beneficios de una buena relación entre la familia y la escuela en el rendimiento y el desarrollo de los alumnos. Algunos de estos beneficios incluyen:

- Mejor rendimiento académico: Se ha demostrado que una mayor participación de los padres se relaciona positivamente con el rendimiento escolar de los alumnos, más allá de su coeficiente intelectual (Fan y Chen, 2001; Jeynes, 2005; Powell, et al., 2010).
- Mayor asistencia y graduación: La participación activa de los padres en la educación de sus hijos se ha asociado con tasas más altas de asistencia a la escuela y de graduación (Epstein y Sheldon, 2002).
- Menos problemas disciplinarios: Cuando los padres se involucran en la educación de sus hijos, tiende a haber menos problemas disciplinarios en la escuela (Powell et al., 2010; Rogers et al., 2009; Sheldon y Epstein, 2002).

La cooperación entre la familia y la escuela es fundamental, especialmente en el contexto de la educación inclusiva y en el caso de estudiantes que tienen necesidades educativas especiales debido a alguna discapacidad. Como señalan Fontana et al. (2009), la familia desempeña un papel crucial al brindar apoyo y colaborar estrechamente con la escuela para garantizar que la formación de sus hijos se realice de la mejor manera posible. En este contexto donde se busca la plena participación de todos los estudiantes, independientemente de sus capacidades o discapacidades, la cooperación entre la familia y la escuela se convierte en uno de los pilares fundamentales. Ambas partes deben trabajar juntas para identificar las necesidades específicas de cada estudiante, desarrollar estrategias de apoyo personalizadas y crear un entorno educativo inclusivo que promueva el éxito de todos los estudiantes.

En este sentido, dicha colaboración, no solo beneficia al estudiante con necesidades educativas especiales, sino que también enriquece la experiencia educativa de todos los estudiantes al fomentar un ambiente de comprensión, apoyo y respeto mutuo. Es fundamental reconocer que el proceso de inclusión escolar de estudiantes con necesidades educativas especiales, especialmente aquellos en condición de discapacidad, no solo recae en la escuela, sino que comienza en el entorno familiar. Como menciona Ruiz (2009), los principios teóricos que sustentan la inclusión escolar deben aplicarse desde el seno de la familia. Esta desempeña un papel central en la promoción de la inclusión escolar. Es en el hogar donde se establece el primer ambiente de normalidad y se forja una actitud inclusiva. Los padres y familiares son los primeros modelos a seguir para los niños con discapacidad, y su actitud y apoyo son fundamentales para el desarrollo de una vida normalizada convirtiéndose en un elemento clave en la construcción de una escuela inclusiva. Ambas partes deben trabajar en conjunto para garantizar que los estudiantes con necesidades educativas especiales reciban el apoyo necesario y tengan igualdad de oportunidades en su proceso educativo. Esto implica no solo la adaptación de los entornos escolares, sino también la sensibilización y la promoción de actitudes inclusivas en la comunidad educativa.

Según Fontana et al. (2009), en el ámbito educativo, la familia debe preocuparse por brindar todo el apoyo posible para que la formación de sus hijos se lleve a cabo de la mejor manera, especialmente en el proceso de integración educativa de estudiantes que presentan necesidades educativas especiales en condición de discapacidad. Esta cooperación entre la familia y la escuela es uno de los elementos más importantes de la red de apoyos necesarios para la construcción de una escuela inclusiva.

Soto e Hinojo (2004) también enfatizan la importancia de un trabajo coordinado, colaborativo y consciente de todas las partes que participan en el proceso de enseñanza-aprendizaje de personas con NEAE. Destacan que esto conducirá al éxito y la realización del potencial de todas las personas, garantizando su derecho a la participación en igualdad de oportunidades. En este contexto, la escuela debe reconocer que la familia busca lo mejor para sus hijos, incluso si existen desacuerdos en la adecuación de las respuestas educativas. Al mismo tiempo, la familia debe confiar en la escuela como un sistema valioso de apoyo a la educación de sus hijos.

Como señala Comellas (2009), es esencial hablar abierta y sinceramente, identificar los puntos de acuerdo y desacuerdo, y fomentar la confianza y la comunicación para lograr una colaboración efectiva entre la familia y la escuela. Esta misma autora nos ofrece una serie de recomendaciones para fortalecer los lazos de colaboración entre las familias y la escuela:

- Establecer una comunicación periódica y continua con las familias, a través de reuniones programadas y no necesariamente vinculadas a situaciones problemáticas. Esto crea un espacio para el diálogo constante.

- Mantener conversaciones regulares con los padres y tutores sobre el día a día de los niños y adolescentes, de modo que se pueda conocer de manera continua sus comportamientos, tanto positivos como aquellos que requieren atención.

- Mostrar interés en compartir acuerdos básicos con la escuela. Esto implica trabajar en conjunto para establecer pautas y normativas que beneficien el proceso educativo de los estudiantes y promuevan su desarrollo.

Hinojo (2004) destaca que los padres, como parte de la comunidad educativa, no solo tienen el derecho legal de participar en la educación de sus hijos, según la legislación española, sino que también tienen la responsabilidad de colaborar con los docentes en todo lo que contribuya a la formación de sus hijos. Sin embargo, no siempre los padres ejercen este derecho ni mantienen una relación continua con los profesores de sus hijos.

3.3.1. RELACIONES FAMILIARES Y SU IMPACTO EN LA EDUCACIÓN DE HIJOS CON NEAE

Es evidente en función de lo descrito hasta aquí, la importancia de la participación activa de los padres en la educación de sus hijos teniendo en cuenta que esta colaboración no solo es un derecho, sino también una responsabilidad que puede tener un impacto significativo en el proceso educativo de los estudiantes.

A continuación, se describirán parte de los resultados de la revisión bibliográfica realizada por Sánchez, et al. (2018) sobre la relación entre la escuela y la familia, centrándonos en el análisis del contenido de este estudio. Esta revisión se basó en artículos publicados en las bases de datos PsycINFO y ERIC durante el período comprendido entre 2009 y 2018.

Estos autores establecen las siguientes categorías que se muestran en la Figura 3 y que posteriormente se describirán en función de las áreas temáticas:

Figura 3. Estudios Relación Familia-Escuela

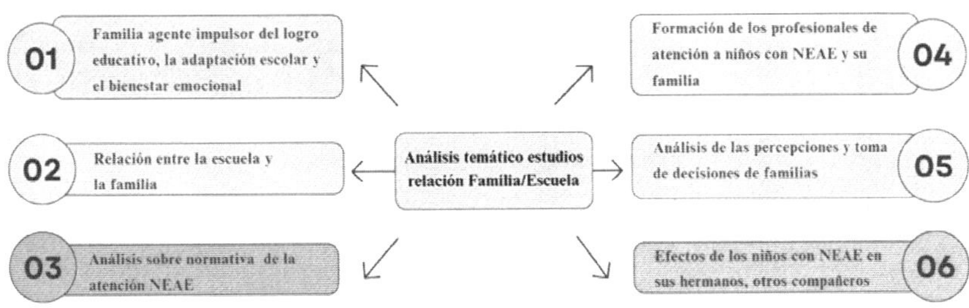

Nota: Sánchez et al. (2018).

• Agente Impulsor del logro educativo, la adaptación escolar y el bienestar emocional

La familia desempeña un papel fundamental en el éxito educativo, la adaptación a la escuela y el bienestar emocional de los niños con Necesidades Educativas Especiales (NEAE). No solo se trata de predecir el rendimiento académico, sino también de influir positivamente en diversos aspectos que en última instancia mejoran la calidad de vida de estos niños. En este contexto, la familia se considera un factor determinante que contribuye a:

- Facilitar la adaptación exitosa de los niños en la escuela.
- Mejorar su bienestar emocional y físico.
- Apoyar el desarrollo del lenguaje.
- Promover y cultivar sus talentos y habilidades.
- Evitar la sensación de soledad.
- Fomentar relaciones sociales positivas.
- Contribuir a un ambiente de aula más favorable.
- Influenciar positivamente en su salud general.
- Prevenir la exclusión y la discapacidad.
- Abordar y mejorar comportamientos disruptivos en el aula, entre otros aspectos.

• Relación entre la escuela y la familia

La relación entre la escuela y la familia desempeña un papel fundamental en el desarrollo de los niños con Necesidades Educativas Especiales (NEAE). La participación activa de la familia se considera un factor que promueve la inclusión de estos niños en el entorno escolar. Esta relación se ha convertido en un aspecto central de la política educativa actual y se reconoce como un principio fundamental en las intervenciones de los docentes que trabajan con niños que tienen NEAE.

En este contexto, varios artículos abordan esta temática desde diversas perspectivas. Se exploran aspectos relacionados con las dimensiones socioemocionales de esta relación, la importancia de establecer conexiones positivas entre la escuela y la familia, la empatía por parte de los docentes, la posible estigmatización experimentada por las familias, el grado de compromiso de las familias en la educación de sus hijos, los canales de comunicación y participación familiares, así como los modelos de participación que pueden ser efectivos en este contexto.

Análisis sobre la legislación y las políticas reguladoras de la atención NEAE

El marco jurídico y legislativo desempeña un papel fundamental en la regulación de los derechos de los estudiantes con Necesidades Educativas Especiales (NEAE) y sus familias. Se lleva a cabo un análisis exhaustivo de diferentes leyes relacionadas con la educación especial, evaluando tanto su contenido como su alcance. Además, se realiza un estudio comparativo de estas leyes. Se examinan también las apelaciones realizadas por las familias cuando se percibe un incumplimiento de la legislación vigente en este ámbito.

Otras cuestiones abordadas incluyen el cambio de paradigma en la concepción y atención de las NEAE de los estudiantes, la comprensión por parte de los padres de la legislación en este campo y el análisis de las políticas educativas relacionadas con la educación especial.

- Formación de los profesionales de atención a niños con NEAE y su familia

El análisis del perfil de los profesionales que se dedican a la atención de estudiantes con Necesidades Educativas Especiales (NEAE) y sus familias, así como su formación, se considera un elemento crucial para garantizar el éxito en la atención a estos niños. La formación de los profesionales en el cambio de paradigma y en nuevas formas de entender y abordar las NEAE es esencial para dejar atrás prácticas obsoletas. Además, el dominio de nuevas herramientas tanto en el diagnóstico como en la intervención y evaluación desempeña un papel fundamental en el logro de resultados exitosos. Este análisis se centra en el perfil de diversas figuras profesionales, como educadores y psicólogos educativos, entre otros.

- Análisis de las percepciones y proceso de toma de decisiones de familias de niños con NEAE

En este apartado se abordan temas relacionados con el punto de vista de las familias de estudiantes con Necesidades Educativas Especiales (NEAE) que se encuentran en el proceso de tomar decisiones relacionadas con la educación de sus hijos con NEAE. Estas decisiones incluyen la elección de centros educativos, tanto en niveles iniciales como superiores, y se analizan los factores que influyen en la toma de decisiones. Además, se examinan las percepciones y puntos de vista de las familias con respecto a la experiencia educativa de sus hijos con NEAE.

- Efectos de los niños con NEAE en sus hermanos, otros compañeros

En menor medida, se ha explorado la temática relacionada con el impacto que la educación inclusiva ha tenido en los compañeros de clase de los estudiantes con Necesidades Educativas Especiales (NEAE), así como el efecto que tiene tener un hermano que presenta NEAE.

En síntesis, se puede decir que uno de los temas predominantes en la investigación sobre la relación entre la escuela y las familias de estudiantes con Necesidades Educativas Especiales (NEAE) se centra en la comunicación y la participación de los padres en el contexto escolar. Se destaca la relevancia de promover y fortalecer esta participación como elemento fundamental en esta dinámica.

3.3.2. MODALIDADES DE PARTICIPACIÓN FAMILIAR EN EL ÁMBITO EDUCATIVO

El proyecto INCLUD-ED (2011) que investigó estrategias educativas para la inclusión y la cohesión social en Europa, identificó cinco formas clave de participación de las familias y la comunidad en el ámbito educativo. Estas formas de participación se demostraron efectivas para mejorar el rendimiento académico y la convivencia en los centros educativos, y son particularmente relevantes para el éxito de estudiantes en situaciones vulnerables o con necesidades educativas especiales. De forma global se puede decir que se destaca la importancia de la participación activa y diversa de las familias y la comunidad en el ámbito educativo. Estas formas de participación no solo contribuyen al éxito académico de los estudiantes, sino que también fomentan la cohesión social y una mayor inclusión en las escuelas.

Las formas de participación identificadas por el proyecto INCLUD-ED (2011) son las siguientes:

- Participación Informativa: Implica mantener a las familias y la comunidad informadas sobre las actividades, programas y progresos en el entorno educativo. Esta forma de participación asegura que los padres y miembros de la comunidad estén al tanto de lo que está sucediendo en la escuela y comprendan los objetivos educativos y las expectativas.
- Participación Consultiva: Se refiere a la implicación de las familias y la comunidad en la toma de decisiones a través de procesos con-

sultivos. Esto puede incluir participar en encuestas, grupos focales o comités escolares donde puedan expresar sus opiniones y proporcionar retroalimentación.

- Participación Decisiva: Va más allá de la consulta, otorgando a las familias y la comunidad un papel más activo en la toma de decisiones dentro de la escuela. Esto puede involucrar formar parte de los consejos escolares o comités donde las decisiones educativas y las políticas son discutidas y formuladas.
- Participación Evaluativa: Esta forma de participación permite a las familias y la comunidad involucrarse en la evaluación de los programas educativos. Pueden participar en la revisión de los resultados de la escuela y contribuir a la evaluación de la efectividad de las prácticas y políticas educativas.
- Participación Educativa: Se centra en la colaboración directa en las actividades educativas dentro de la escuela. Esto puede incluir la participación en la sala de clases, asistencia en actividades extracurriculares, y apoyo en proyectos de aprendizaje.

Según los resultados del proyecto, Valls-Carol et al. (2014) señalan que solo las tres últimas formas de participación (decisiva, evaluativa y educativa) tienen un impacto positivo en los resultados de aprendizaje de los estudiantes, en su desarrollo personal y en el bienestar de la comunidad. Estas formas de participación también contribuyen a mejorar la convivencia y la calidad de vida de quienes participan en ellas, lo que a su vez aumenta el compromiso y la implicación de las familias en las escuelas.

Según Montero et al. (2017), para que la relación entre la familia y los profesionales sea efectiva, es fundamental cuidar diversos aspectos, como la forma de comunicarse, el momento oportuno para hacerlo, el contenido de la comunicación y quién la lleva a cabo. Estos aspectos pueden gestionarse a través de diferentes modelos de relación, que van desde los más directivos, donde los profesores se presentan como expertos frente a los padres, hasta modelos más colaborativos, en los que se busca la igualdad de estatus. Este último modelo promueve que la familia se sienta como parte activa y colaboradora en la intervención con sus hijos.

El modelo de cooperación entre familias y profesionales, que se ha popularizado gracias a la investigación de Turnbull y sus colaboradores del Beach Center on Disability de la Universidad de Kansas (Blue-Banning y Summers, 2004; Turnbull, et al., 2006; Turnbull, et al., 2009), se basa en seis componentes fundamentales y los factores asociados a cada uno de ellos. Estos componentes son los siguientes:

- Competencia profesional: Implica que los profesionales deben recibir una formación adecuada en acuerdos de cooperación profesional.
- Comunicación: Consiste en proporcionar a los padres y profesionales el conocimiento necesario y guiarlos para tomar decisiones basadas en la evidencia.
- Respeto: Requiere el desarrollo de acuerdos que respeten los valores culturales de cada familia.
- Compromiso: Implica trabajar junto con las familias para crear y llevar a cabo una visión inclusiva.
- Equidad: Se trata de centrarse en la familia como el punto central, maximizando la elección de las familias y reconociendo sus fortalezas.
- Confianza: Surge cuando las familias y los profesionales aprenden a tomar decisiones sabias, considerando diferentes intereses y adaptándose a diversas situaciones.

Este modelo busca fortalecer la colaboración entre familias y profesionales para garantizar un enfoque inclusivo y efectivo en la educación de los estudiantes con NEAE.

A continuación, exploraremos la percepción de las familias sobre la relación que mantienen con la escuela y su nivel de satisfacción con ella. Esto se basará en un análisis del estado actual de esta cuestión.

3.4. VISIÓN Y EXPERIENCIAS DE FAMILIAS CON HIJOS NEAE EN LA EDUCACIÓN

La voz de los padres de alumnos con NEAE rara vez se recoge en investigaciones que aborden su relación con el sistema escolar y su percepción al respecto. La escuela tiende a no escuchar las opiniones de las familias en esta área. Las decisiones relacionadas con los alumnos con NEAE suelen ser tomadas unilateralmente por la escuela, dejando a las familias como simples receptores de información. Según Simón et al. (2016), esta relación entre la escuela y la familia es débil y no está integrada en la cultura, política y prácticas de los centros educativos. Los autores sugieren que esta debilidad puede deberse a tres razones: la falta de modelos y tradición en la colaboración entre escuela y familia, la escasa formación de los profesionales en el trabajo con las familias y la percepción de que la educación en la escuela es responsabilidad exclusiva de los profesores, lo que a menudo lleva a que los familiares sean vistos como una molestia.

En cuanto al estado actual de la investigación sobre la percepción de los padres en su relación con la escuela, se observa que muchos estudios se centran en analizar la percepción de la educación inclusiva en contraposición a la escolarización en entornos protegidos. Duhaney y Salend (2000) señalan que los padres de niños con discapacidades suelen tener una percepción positiva de la educación inclusiva. Esto se debe principalmente a que creen que la educación inclusiva puede promover la aceptación de sus hijos, mejorar su autoconcepto y prepararlos mejor para la vida real, además de brindarles acceso a modelos apropiados.

A pesar de estas percepciones positivas, los padres a menudo tienen preocupaciones relacionadas con la disponibilidad de servicios especializados y personal calificado en entornos inclusivos. A pesar de expresar un alto grado de satisfacción con el progreso de sus hijos y sus relaciones con los maestros, estas preocupaciones persisten (Leyser y Kirk, 2011). Vianello y Lanfranchi (2015) destacan que la escolarización inclusiva, en comparación con la segregada, generalmente conlleva reducciones en las conductas disruptivas, resultados académicos más positivos, un aumento en las interacciones sociales con compañeros de clase y una mejora en el autoconcepto de niños con discapacidades intelectuales leves y severas.

En un estudio realizado por Parsons et al. (2009) sobre la satisfacción de las familias con niños con discapacidad escolarizados en entornos ordinarios, se encontró que los padres menos satisfechos eran aquellos que describían a sus hijos como niños con dificultades psicosociales. Además, se identificó que otros factores, como la autoeficacia parental, la participación en la educación de sus hijos y la percepción del clima escolar, estaban asociados con la satisfacción de los padres (Laws y Millward, 2001).

Por su parte, Zanobini et al. (2017) señalan que la percepción de los padres hacia la educación inclusiva es variada y multifacética, dependiendo de cómo se implementa la inclusión en diferentes países. Los resultados de su estudio indican una alta satisfacción familiar con la educación inclusiva, que se basa en cuatro variables: prácticas educativas inclusivas, medio ambiente y equipamiento especial, aceptación de compañeros y familias, e integración entre las actividades de educación y rehabilitación.

Otros estudios, como los realizados por Al Jabery et al. (2014) y Starr y Foy (2012), sugieren que la satisfacción de los padres con la educación inclusiva es un concepto multidimensional. Los factores relacionados con la satisfacción incluyen la capacidad de los profesores para gestionar eficazmente los comportamientos de los niños, la comprensión de los maestros, el conocimiento de la discapacidad por parte de los profesores y la comunicación efectiva entre profesores y padres.

Es importante señalar que la mayoría de los estudios abordan la percepción de las familias de niños con discapacidad en general, aunque muchos de ellos se han centrado específicamente en trastornos, como el Trastorno del Espectro Autista (TEA). También existen estudios dirigidos a familias de alumnos con parálisis cerebral y dificultades del aprendizaje. Por ejemplo, Slade et al. (2018) investigaron la satisfacción de los padres con los programas de educación individualizada de niños con TEA, resaltando la importancia de las relaciones entre padres y escuela, así como las condiciones socioeconómicas familiares, y su relación con la satisfacción de las familias en la educación especial.

Syriopoulou-Delli y Polychronopoulou (2019) estudiaron las relaciones entre maestros y padres de niños con TEA y los sistemas para establecer una colaboración más eficiente. Argumentaron que la participación y colaboración de las familias en las escuelas deberían formar parte de los planes de mejora educativa y que la participación de los padres es crucial para mejorar los resultados escolares de los niños con TEA. Estos autores abogaron por una colaboración familia-escuela que trascienda el derecho parental legislativo a participar en la evaluación y educación de sus hijos con TEA.

Alsem et al. (2016) realizaron un estudio sobre la percepción de los padres de niños con parálisis cerebral en las etapas de preescolar y primaria, considerando diferentes modalidades de escolarización. Concluyeron que la percepción de los padres fue más negativa durante la transición a la educación primaria y que esta percepción negativa se mantuvo independientemente de la modalidad de escolarización, ya sea inclusiva o segregada.

Por otro lado, Chu y Lo (2014) investigaron la perspectiva de las familias taiwanesas de alumnos con dificultades de aprendizaje. El estudio se centró en cuatro ejes: información demográfica, rendimiento en lectura de los niños, comprensión general de las familias y perspectivas sobre las dificultades de aprendizaje. En el último eje, se analizaron aspectos relacionados con las causas de las dificultades de aprendizaje, como si eran inherentes o adquiridas, las concepciones erróneas, las actitudes de aceptación o rechazo, la divulgación de discapacidades y el apoyo recibido.

Los resultados del estudio indicaron que las familias no estaban familiarizadas con los servicios educativos relacionados con las dificultades del aprendizaje en las escuelas. Además, las percepciones de las familias sobre las dificultades de lectura y escritura de los niños se atribuían a factores externos, como recursos y estrategias de enseñanza. También se observó que las familias que tenían interacciones con personas con dificultades de aprendizaje tendían a tener concepciones erróneas más altas y eran más reacias a recibir apoyo profesional. Finalmente, se encontró que la situación socioeconómica familiar y el número de hijos se relacionaban significativamente con las percepciones de las familias de alumnos con dificultades de aprendizaje.

La mayoría de las investigaciones examinan la percepción de las familias en relación con diversas temáticas centradas en la educación de niños con NEAE. Algunos de los enfoques y temas de estudio incluyen:

- Familias acogedoras: Mires et al. (2018) encontraron diferencias significativas en la percepción de la relación con la escuela entre las familias acogedoras de niños con discapacidad que adoptan un papel activo en la educación de sus hijos y aquellas que adoptan un papel pasivo.
- Diferencias entre padres y otros agentes educativos: Woods et al. (2018) analizaron la percepción de la relación entre la familia y la escuela desde la perspectiva de padres y otros agentes implicados en la educación de alumnos con NEAE. Estudiaron variables como la coincidencia en la percepción entre padres y educadores, el tipo y la gravedad de la discapacidad y la evolución de la relación en las diferentes etapas educativas.
- Enfoque centrado en la familia: Se ha investigado cómo un enfoque centrado en la familia puede influir en la percepción de la relación entre la familia y la escuela.
- Percepción en diferentes etapas de la escolarización: Se han analizado las variaciones en la percepción de la relación familia-escuela en diferentes etapas de la educación, como la etapa preescolar, primaria y transiciones entre ellas.
- Fomento de la participación familiar: Se ha estudiado la promoción de la participación activa de las familias en la escuela como un derecho recogido en la legislación.

- Modelos para una comunicación efectiva: Se han investigado modelos y estrategias para fomentar una comunicación y participación eficaz de la familia en la escuela.

- Necesidades planteadas por las familias: Se han explorado las necesidades específicas planteadas por las familias de alumnos con NEAE y cómo estas afectan a su percepción de la relación con la escuela.

Schenker et al. (2017) realizaron un análisis de la colaboración entre la familia y los profesionales, que es un aspecto clave del enfoque centrado en la familia. Encontraron que la participación y colaboración de la familia tienen una influencia positiva en el bienestar psicológico de los padres, su satisfacción con las intervenciones para sus hijos y los resultados de los niños, el desarrollo de habilidades y el ajuste psicológico. Estos hallazgos difieren de algunos otros estudios y sugieren que los directores perciben sus entornos como propicios para promover relaciones con los padres. Esto puede explicarse porque el modelo de práctica centrada en la familia está integrado en el plan de la institución y en su cultura organizativa.

Warren (2017) examinó las percepciones de los padres sobre las barreras y los facilitadores de la educación inclusiva para niños en edad preescolar con discapacidades, centrándose en las voces de los padres y en prácticas inclusivas efectivas en la literatura. Según el estudio, los padres identificaron varios facilitadores de la inclusión por parte de la escuela, que incluyen la participación de las familias en todos los aspectos de la programación, compartir altas expectativas para los resultados académicos y sociales, establecer sistemas de comunicación y medios para la colaboración entre la escuela y el personal, construir confianza con los niños y los padres, y proporcionar recursos para apoyar a los niños y padres en su trayectoria educativa.

Elbaum et al. (2015) llevaron a cabo un estudio sobre la percepción de los padres en los Estados Unidos en relación con su relación con las escuelas, con el objetivo de identificar las dimensiones subyacentes de esta percepción y determinar si las escuelas estaban facilitando la participación de acuerdo con la Ley de Educación para Personas con Discapacidad (IDEA, por sus siglas en inglés). Según los autores, los padres perciben que las escuelas priorizan la comunicación receptiva con los padres y proporcionan información detallada y periódica sobre el progreso de los estudiantes, con el propósito de mejorar la colaboración con los padres de estudiantes con discapacidades.

Lalvani (2015) exploró las perspectivas de padres y maestros en los Estados Unidos en relación con el significado y las implicaciones de la discapacidad en el contexto de la educación y la crianza de niños con discapacidad. El autor señala que existen diferencias conceptuales significativas en las percepciones de estos dos grupos. Mientras que los maestros tienden a basarse en el modelo médico, las interpretaciones de los padres están influidas por un paradigma sociocultural.

Hu et al. (2015) investigaron la percepción de las familias chinas sobre las necesidades de sus hijos con discapacidad. Identificaron siete categorías de necesidades, que se agruparon en tres factores principales: necesidades de supervivencia relacionadas con las necesidades básicas de la familia; necesidades de suficiencia relacionadas con la inclusión social, el apoyo educativo y las relaciones interpersonales de las familias; y necesidades de mejora, que se refieren al crecimiento y desarrollo familiar para mejorar la calidad de vida en general. Los autores encontraron que las necesidades de suficiencia estaban más centradas en el niño con discapacidad, mientras que las necesidades de supervivencia y mejora estaban relacionadas directamente con la unidad familiar y el funcionamiento general de la familia.

Fishman y Nickerson (2014) llevaron a cabo un estudio sobre la motivación de las familias para participar en la educación de sus hijos, comparando familias de alumnos de educación especial con familias de alumnos escolarizados en un entorno inclusivo. Utilizaron los factores motivacionales del Modelo de Participación de los Padres de Hoover-Dempsey y Sandler (2005) para predecir cómo estos factores influyen en la participación de los padres en el hogar, en la escuela y en la educación especial. Encontraron que la participación de los padres era más activa cuando era solicitada por los niños o por la escuela. También observaron que la participación estaba relacionada con la percepción de los padres sobre la disponibilidad de tiempo y energía, así como su nivel de responsabilidad en el apoyo a la educación de sus hijos.

Por otro lado, el análisis de la percepción de las familias en relación con la educación de sus hijos se ha realizado principalmente utilizando enfoques cualitativos. Investigaciones como las de Woods et al. (2018), Ryan y Quinlan (2017), Rizvi (2015), Lalvani (2015) y Hu et al. (2015) han empleado técnicas como entrevistas semiestructuradas y grupos focales o de discusión para recopilar datos sobre la percepción de las familias.

En contraste, las investigaciones que recopilan la voz de los padres a través de cuestionarios son menos comunes en este campo. Algunos ejemplos de estas investigaciones incluyen los estudios de Syriopoulou-Delli y

Polychronopoulou (2019) y Zanobini et al. (2017). Sin embargo, es importante destacar que existe una falta de un instrumento ampliamente utilizado para medir la satisfacción familiar en este contexto.

A continuación, se exponen los resultados del análisis de la producción científica sobre la percepción de las familias de alumnos con NEAE entorno al sistema escolar durante los últimos 5 años.

3.4.1. ANÁLISIS CUANTITATIVO DE LA PERCEPCIÓN FAMILIAR

El interés por evaluar la producción científica se ha convertido en un índice de calidad y una forma de comparar el crecimiento y desarrollo de diferentes disciplinas o áreas del conocimiento. Esto ha llevado al fortalecimiento de los estudios bibliométricos, que proporcionan datos cuantitativos sobre la productividad científica. Sin embargo, es importante destacar que estos datos cuantitativos no deben considerarse como el único indicador de calidad, sino como un criterio que, cuando se utiliza de manera adecuada y se interpreta correctamente, puede ayudar a estimar el nivel de difusión de la investigación (Buela-Casal, et al., 2001).

La bibliometría es una rama de la cienciometría que se enfoca en el estudio cuantitativo de la actividad de investigación científica, tecnológica y técnica (Romaní et al., 2011). En palabras de Angarita (2014), la bibliometría se centra en el análisis de publicaciones científicas utilizando métodos estadísticos, pero su enfoque recae en los textos y otros medios de divulgación del conocimiento científico, no en individuos o grupos participantes. Los niveles de análisis en bibliometría incluyen el análisis descriptivo, el análisis de evaluación y el análisis de supervisión, todos centrados en la actividad de investigación en sí misma, no en los sujetos participantes.

Realizar revisiones periódicas de un campo de estudio es fundamental para comprender la diversidad de conocimientos que existen sobre una temática específica (Tranfield et al., 2003). Estas revisiones permiten tener una visión más completa y actualizada de la investigación en ese campo y facilitan la identificación de tendencias y áreas de interés.

El estudio bibliométrico implica un análisis de las publicaciones científicas, que se basa en una serie de indicadores utilizados como parámetros para evaluar la actividad científica en un campo específico. De Filippo y Fernández (2002) y Prytz-Nilsson y Suarez (2009) destacan dos indicadores principales: el indicador de productividad y el análisis de materia.

El indicador de productividad se centra en identificar los autores, revistas, instituciones y países más activos en la producción científica de un área de estudio. También permite analizar la evolución temporal de la producción científica en un período de tiempo determinado, lo que proporciona información sobre las tendencias de investigación en esa área.

Por otro lado, el indicador de análisis de materia revela los temas de interés de una comunidad científica en particular, así como su evolución en términos de aparición, expansión y declive a lo largo del tiempo (Costas y Bordons, 2007).

Hall (2011) señala que el análisis bibliométrico se enfoca en la evaluación del rendimiento de la investigación y la contribución de investigadores, instituciones y medios editoriales, a diferencia de las revisiones narrativas y sistemáticas.

Para Ramos-Rodríguez y Ruíz-Navarro (2004), la coautoría y el análisis de co-citación son técnicas útiles en el análisis bibliométrico. Estas técnicas permiten:

- Describir objetivamente la estructura intelectual de disciplinas y campos.
- Identificar posibles «frentes de investigación».
- Detectar escuelas científicas y redes académicas existentes.
- Adaptarse a la creciente producción científica y utilizar nuevas formas de análisis debido a los avances tecnológicos.
- Beneficiarse de herramientas de *software* que generan visualizaciones de redes a partir de datos bibliométricos.

Estos enfoques y técnicas ayudan a comprender la dinámica de la investigación en un campo específico y a identificar tendencias y relaciones en la producción científica.

Existen varios programas de *software* utilizados en el análisis bibliométrico y la construcción de redes para mostrar resultados bibliométricos. Algunos ejemplos de estos programas son:

- VOSViewer (Van Eck y Waltman, 2010): Este programa permite visualizar y analizar redes de coautoría, co-citación y co-palabras clave en la literatura científica.
- BibExcel (Persson et al., 2009): BibExcel se utiliza para extraer datos bibliométricos de archivos de texto y para realizar análisis bibliométricos básicos.

- Pajek (Batagelj y Mrvar, 1998): Pajek es una herramienta utilizada para el análisis y la visualización de redes complejas, incluidas las redes de coautoría y co-citación en la investigación científica.
- HistCite (HistCite *Software* LLC): HistCite es un *software* que facilita la construcción de mapas conceptuales y la visualización de la evolución de la literatura científica a lo largo del tiempo.

El análisis y la presentación visual de datos bibliométricos son herramientas importantes para detectar tendencias, identificar colaboraciones y comprender la estructura de la investigación en un campo específico (Wheeldon y Ahlberg, 2011). Estos programas permiten a los investigadores explorar y representar de manera efectiva la información contenida en grandes conjuntos de datos bibliométricos.

- *Método*

A continuación, se presentan los resultados del análisis bibliométrico que se centró en la actividad científica relacionada con la percepción de las familias de alumnos con Necesidades Educativas Especiales (NEAE) en el entorno del sistema escolar durante el período de 2015 a 2019. Este análisis se basó en la revisión de artículos publicados en revistas indexadas en la base de datos de la Web of Science (WOS), específicamente en revistas con un indicador de calidad Journal Citation Report (JCR), que es altamente valorado por los organismos de evaluación de la investigación.

El análisis bibliométrico utilizó indicadores como la productividad de autores, revistas, instituciones y países en el campo de estudio de la percepción de las familias de alumnos con NEAE. También se examinaron los temas de interés y su evolución a lo largo del período estudiado.

Este enfoque bibliométrico proporciona una visión cuantitativa y estructural de la investigación en este campo, lo que puede ser útil para comprender la dinámica y las tendencias en la producción científica relacionada con las NEAE y la percepción de las familias en el contexto escolar.

Con el fin de definir con mayor precisión los resultados que queríamos obtener, la estrategia de búsqueda se hizo utilizando operadores Booleanos con los siguientes términos: family and special educational needs OR disabilit* and school OR class* OR educat* and perception. La búsqueda se delimitó a artículos científicos. Esta búsqueda aportó un total de 154 artículos. Los documentos se almacenaron como archivo de plain text para proceder a su posterior análisis.

El análisis bibliométrico se desarrolló siguiendo los siguientes pasos:

1. Análisis de Indicadores bibliométricos básicos:
   a) Ranking de productividad científica y patrones de colaboración de autores: número de autores, número de documentos publicados, número medio de autores por documento, producción por instituciones y producción por países.
   b) Análisis de la producción de las revistas: documentos publicados, número de citas de los documentos recuperados (Total Local Citation Score: TLCS), citas en otras revistas de la WOS (Total Global Citation Score: TGCS).
   c) Análisis de las palabras más comunes: términos recogidos en palabras clave y co-ocurrencia de estas.
2. Redes de co-ocurrencia: se analizaron la co-autorship y la co-citation.
3. Mapa de citaciones. En este mapa se muestra cómo los artículos de la serie recuperada se citan entre sí.

A continuación, se presentarán los resultados principales obtenidos del análisis bibliométrico realizado en la Tabla 4. Estos resultados señalan los principales autores, el año de más publicaciones, las revistas más prolíferas, la institución más destacada, las palabras clave y las citaciones más relevantes.

Tabla 4. Principales resultados. Análisis Bibliométrico

Autor más prolífico	Burke con 3 artículos en revistas indexadas en WOS.
Año más publicaciones	2018 el año con más publicaciones siendo 47 el número de artículos
Revista con más publicaciones	*Child care health and development y Journal of autism and developmental disorders* con 8 artículos
País con más publicaciones	*USA con 77 artículos*
Institución	University of Illinois con 7 artículos publicados.
Palabras clave	*Children, disabilities, parents, perceptions*
Citación local	Hu (2015) *Needs of Chinese Families With Children With Developmental Disabilities: A Qualitative Inquiry.*
Citación absoluta	Patton del año 2002 como el más citado «*Qualitative Research & Evaluation Methods*»,

Nota: Sánchez et al. (2018).

En este análisis, se exploraron diversos aspectos relacionados con la relación entre la familia y la escuela en el contexto de la educación inclusiva de alumnos con Necesidades Educativas Especiales (NEAE) durante los últimos 5 años (2015-2019), teniendo en cuenta las contribuciones de varios autores:

- Relación Familia-Escuela como Indicador de Calidad: Se reconoció que la calidad de la relación entre la familia y la escuela, así como el grado de participación de las familias, son indicadores de calidad de un centro educativo. Autores como Marchesi (2004), Rosario et al. (2006) respaldan esta idea.

- Modelo Ecológico de Bronfenbrenner: Se hizo referencia al modelo ecológico de Bronfenbrenner, que considera a la familia como el contexto de desarrollo fundamental. Este modelo, respaldado por la base conceptual de la educación inclusiva, enfatiza la importancia de la comunidad y el papel central de la familia en la socialización.

- Cooperación entre Familia y Escuela: La cooperación entre la familia y la escuela fue destacada como esencial para la construcción de una escuela inclusiva. Numerosos estudios, incluidos los de García-Bacete (2006) y Fan y Chen (2001), han demostrado los beneficios de una buena relación entre ambas partes en el rendimiento escolar y la adaptación social y emocional de los estudiantes.

- Modelo Colaborativo: El modelo colaborativo propuesto por Turnbull et al. (2009), que se basa en seis componentes: competencia profesional, comunicación, respeto, compromiso, equidad y confianza, fue mencionado como base para fomentar la relación entre la familia y los profesionales (Montero et al., 2017).

- Formas de Participación de la Familia: Se presentaron cinco formas de participación de la familia relacionadas con el éxito escolar: informativa, consultiva, decisiva, evaluativa y educativa. Valls-Carol et al. (2014) afirmaron que las tres últimas formas tienen un impacto positivo en los resultados de aprendizaje y la calidad de vida de las personas involucradas.

- Educación Inclusiva: Se señaló que la mayoría de los estudios sobre la percepción de los padres se centran en comparar la educación inclusiva con la escolarización en entornos protegidos, concluyendo que la educación inclusiva generalmente es más beneficiosa.

Esta perspectiva se basa en investigaciones de autores como Montero et al. (2017).

- Enfoque en el Trastorno del Espectro Autista: Muchos estudios se centran en la percepción de familias de niños con Trastorno del Espectro Autista (TEA), lo que destaca la importancia de comprender cómo estas familias perciben la educación inclusiva (Rizvi, 2015).

Estos aspectos resumidos proporcionan una visión general de la relación entre la familia y la escuela en el contexto de la educación inclusiva de alumnos con NEAE durante el período mencionado, teniendo en cuenta las contribuciones de los autores mencionados.

4

Cuestionario de percepción familiar de los apoyos recibidos del sistema educativo (CPFASE)

4.1. INTRODUCCIÓN

En anteriores capítulos hemos destacado la importancia crucial de establecer una relación adecuada entre las familias de alumnos con Necesidades Educativas Especiales (NEAE) y la escuela. A pesar de que numerosos estudios han demostrado los beneficios de una buena relación entre la familia y la escuela en el rendimiento escolar, la adaptación social y emocional del niño, así como en el entorno educativo en general (Epstein y Sanders, 2000; Fan y Chen, 2001; Henderson y Mapp, 2002), la investigación sobre la medición de las percepciones de las familias de alumnos con NEAE en relación con el sistema escolar y los apoyos que reciben es muy limitada.

Igualmente, a lo largo del anterior capítulo, se pone de manifiesto la escasez de instrumentos utilizados para medir la satisfacción familiar en el contexto de la relación familia-escuela, concretamente se identifica la inexistencia de un instrumento válido y fiable que permita medir la percepción de las familias de alumnos con NEAE en lo que respecta a los apoyos proporcionados por el sistema escolar.

Es por ello que en los siguientes epígrafes se expondrá el desarrollo y validación de un cuestionario el «Cuestionario de Percepción Familiar de los Apoyos recibidos del Sistema Educativo» (CPFASE). Este cuestionario tiene como objetivo recoger la percepción de las familias y proporcionar datos que permitan identificar áreas de mejora en la relación entre las familias y la escuela. Su desarrollo representa un paso importante para comprender mejor la perspectiva de las familias y promover una colaboración más efectiva entre la familia y la escuela.

4.2. CUESTIONARIO DE PERCEPCIÓN FAMILIAR DE LOS APOYOS RECIBIDOS DEL «SISTEMA EDUCATIVO» (CPFASE)

Con el objetivo de avanzar hacia una nueva forma de brindar atención y comprensión a las familias de alumnos con vulnerabilidades y su participación en los centros educativos, se tomó la decisión de desarrollar un instrumento que tenga la capacidad de describir esta relación e identificar los aspectos que, desde la perspectiva de las familias, requieren mejoras. Así la finalidad principal del instrumento es analizar la percepción de las familias de alumnos con Necesidades Educativas Especiales (NEAE) en relación con los apoyos que reciben por parte del sistema educativo. Además, se pretende identificar las variables que condicionan esta percepción.

4.3. DISEÑO Y VALIDACIÓN DEL INSTRUMENTO

El objetivo ha sido diseñar y validar un cuestionario destinado a medir la percepción de las familias de alumnos con Necesidades Educativas Especiales (NEAE) sobre los apoyos recibidos por el sistema educativo. El cuestionario CPFASE inicial contó con 69 indicadores, distribuidos en 7 bloques o dimensiones, tales como:

- Datos de identificación del cuidador principal
- Información sobre el alumno
- Proceso de evaluación psicopedagógica de las NEAE
- Valoración de la relación entre la familia y el centro escolar
- Valoración de la relación entre el niño y el centro escolar
- Valoración de la relación entre la familia y el equipo docente
- Valoración general de la atención recibida de los centros escolares

El cuestionario, que tiene una duración estimada de entre 30 y 40 minutos, ha sido diseñado para que las familias puedan auto aplicarlo. Sin embargo, también existe la opción de realizarlo a través de una entrevista si así se prefiere. Además, el cuestionario puede ser completado en línea o en formato papel, lo que proporciona flexibilidad a las familias en su elección de cómo participar en la investigación.

El trabajo de diseño y validación del cuestionario CPFASE se llevó a cabo con la colaboración de centros escolares, asociaciones, expertos e investigadores locales. Los participantes en las diferentes etapas de elaboración del instrumento se pueden categorizar en dos grupos principales:

- Expertos: Estos expertos desempeñaron un papel crucial en el análisis de contenido del cuestionario, brindando sus conocimientos y experiencia para garantizar la validez y relevancia de los indicadores incluidos en el cuestionario.
- Familias: Las familias de alumnos con NEAE fueron participantes clave en la investigación. Completaron el cuestionario y proporcionaron sus percepciones y opiniones sobre los apoyos recibidos por el sistema educativo en relación con sus hijos con NEAE.

En relación a los expertos cabe decir que en su diseño ha participado el grupo de investigación de Educación Inclusiva de la Universidad Católica de Valencia San Vicente Mártir. Para ello se ha desarrollado un riguroso proceso de validación mediante juicio de expertos. Este procedimiento es ampliamente reconocido en la investigación científica y se utiliza para evaluar la validez y relevancia del contenido de un cuestionario.

Según la definición de Barroso y Cabero (2010), el juicio de expertos implica solicitar la opinión de un grupo de personas con experiencia y conocimientos especializados en el tema en cuestión. Estos expertos deben ser individuos prácticos y experimentados en el área de estudio, con un alto nivel de conocimiento sobre el tema.

La selección de expertos se llevó a cabo siguiendo criterios específicos propuestos por Cabero-Almenara y Llorente-Cejudo (2013), tales como, la voluntad de participar, la disponibilidad, la experiencia en el sector, y familias con hijos con NEAE en edad de escolarización. Estos criterios garantizan que los expertos seleccionados tengan una comprensión sólida del tema, estén motivados para participar en el proyecto y puedan ofrecer opiniones respaldadas por conocimientos especializados que vayan más allá del sentido común.

Conforme a la clasificación propuesta por Landeta (2002), que distingue entre dos tipos de expertos, a saber, especialistas y afectados, donde los especialistas se caracterizan por poseer conocimiento científico y experiencia en la temática objeto de estudio, mientras que los afectados están involucrados de alguna manera en el área de estudio específica, se extendieron invitaciones a participar tanto a expertos en la materia como a familiares que abordan la temática desde una perspectiva diferente. Siguiendo esta taxonomía, se configuraron dos grupos de participantes equitativos: uno compuesto por 10 «especialistas» y otro por 9 «afectados».

Así, el grupo de participantes estuvo compuesto por un total de 19 expertos que representan una amplia gama de miembros de la comunidad educativa y familias. Este conjunto incluyó orientadores de centros educativos, representantes de asociaciones de familiares de niños con NEAE, técnicos de formación del profesorado, profesores universitarios, padres de alumnos con NEAE e inspectores de educación. La selección de estos expertos se basó en su extensa experiencia y profundo conocimiento en el campo de la educación inclusiva.

Igualmente, para llevar a cabo el análisis de la fiabilidad del cuestionario, se realizó un pilotaje utilizando una muestra intencional de familiares de alumnos con NEAE. Se invitó a participar en el pilotaje a cuatro instituciones en la provincia de Valencia que atienden a niños con NEAE. En el caso de los centros escolares, se omitieron sus datos identificativos para cumplir con la ley de protección de datos. Estos dos centros escolares son de gran tamaño, con más de 500 alumnos, y tienen una política activa en la promoción de la inclusión escolar. Además, se contó con la participación de dos asociaciones representantes de familias y personas con NEAE. En total las personas participantes como familias han sido 207.

En referencia a las características sociodemográficas de las personas familiares que han participado en la validación del instrumento, se muestra en la tabla 5 los datos más significativos.

Tabla 5. Datos sociodemográficos

Etapa de Escolarización de los Hijos.	47.7% en primaria 10.05% en Infantil 42.21% Secundaria
Edad de los participantes	44% Más de 45 años 56% Menos de 45 años.
Parentesco	79% Madre 20% Padre 1% Otro cuidador
Nivel estudios	34% FP Media/Superior 32% Universitarios 34% Obligatorios

Ocupación	65% Trabaja 35% No trabaja
Ciudad de residencia	59% Más o igual a 100.000 habitantes 41% igual o menos de 100.000 habitantes
Nacionalidad	93% española 7% otra
Asociados	55% no pertenecen a una asociación 45% sí pertenece
Sexo de los hijos de las personas participantes	63% hombre 37% mujer

Igualmente presentamos los datos representativos en relación a los hijos de las familias que han participado en la siguiente Tabla:

Tabla 6. Datos más representativos de los hijos de los participantes

Tipología de NEAE más representativa	23% TEA 17% Intelectual
Necesidades educativas más representativas	23% Necesidad de apoyo para el aprendizaje 24% Necesidad de apoyo en lenguaje y comunicación 18% Necesidad de apoyo en relación social
Prestación de los apoyos	56% en el centro escolar 44% fuera del centro

Orientación para organización de los apoyos	47% Departamento de Orientación 22% Servicios psicopedagógicos escolares
Tipo de adaptaciones	27% Adaptaciones de Acceso 38% Adaptaciones Significativas

4.4. PROCEDIMIENTO SEGUIDO PARA DISEÑO Y VALIDACIÓN DEL CUESTIONARIO CPFASE

A continuación, se expondrán las fases seguidas en la elaboración y validación, haciendo distinción en las siguientes:

1. Análisis bibliográfico y legislativo.
2. Elaboración y validez del cuestionario.
3. Fiabilidad y versión final.

La primera fase descrita marca el punto de partida fundamental. La revisión exhaustiva de la literatura especializada en la percepción de las familias y el análisis detenido de la legislación vigente, que detalla los derechos de los padres en relación con su participación en la educación de sus hijos, proporcionó las bases necesarias para la elaboración de las dimensiones clave que conforman el cuestionario CPFASE.

En relación a la segunda fase, elaboración y validez del cuestionario, el diseño inicial del cuestionario se llevó a cabo con la colaboración de los miembros del equipo de investigación, quienes elaboraron un listado de aspectos a evaluar basándose en su experiencia. Este listado se complementó con la información recopilada en la fase 1 de la investigación. Dado que se trataba de un cuestionario de creación propia, era fundamental someterlo a una evaluación de validez de contenido.

Ruiz (2002) sostiene que la validez de contenido tiene como objetivo determinar hasta qué punto los ítems de un instrumento son representativos del dominio del universo de contenido de la propiedad que se desea medir. A diferencia de otros tipos de validez, la de contenido no puede expresarse cuantitativamente a través de un índice o coeficiente; más bien, se trata de una cuestión de juicio. En otras palabras, la validez de contenido generalmente se estima de manera subjetiva o intersubjetiva. El procedimiento más comúnmente utilizado para determinar este tipo de validez es conocido como el juicio de expertos (Ruiz, 2002).

Para llevar a cabo la validación de contenido, se siguió un procedimiento que comenzó entregando a los expertos un documento denominado «GUÍA DE VALIDACIÓN». En esta guía, se detallaron los objetivos generales y específicos del cuestionario diseñado, y se solicitó a los expertos que, en su calidad de especialistas, evaluaran la «relevancia» y «pertinencia» de los ítems descritos utilizando una escala Likert. En este contexto, «relevancia» se refiere a la importancia con respecto a la dimensión o área que se pretende medir, mientras que «pertinencia» se refiere a la adecuación del ítem a esa área específica. Según Esnaola (2005), este tipo de escala es ampliamente utilizado en la actualidad para el análisis y validación de contenidos.

La guía de validación se entregó a los expertos junto con la primera versión del cuestionario completo, de manera que pudieran evaluar diferentes partes del mismo, que se dividen en las siguientes secciones:

Sección Primera. Carta de presentación del cuestionario

Sección Segunda. Instrucciones para el proceso de respuesta

Sección Tercera. Preguntas del cuestionario

Sección Cuarta. Valoración general del cuestionario

Este proceso permitió obtener la opinión y valoración de los expertos sobre la relevancia y pertinencia de los ítems en cada una de estas secciones del cuestionario (Esnaola, 2005). Los expertos participantes en el proceso de validación de contenido contaban con cuatro categorías de respuestas para expresar sus juicios: «Excelente», «Buena», «Regular» y «Mala». Además, se les proporcionó un espacio adicional para que cada experto pudiera expresar observaciones, realizar modificaciones, aportar sugerencias o hacer recomendaciones que considerara oportunas durante la evaluación del cuestionario. Esta variedad de opciones permitió recopilar una evaluación detallada y comentarios adicionales sobre el cuestionario, lo que contribuyó a mejorar su calidad y validez (Ruiz, 2002).

Luego de llevar a cabo el análisis y la validación de contenidos por parte de los expertos, se tomó la decisión de realizar las modificaciones necesarias en el cuestionario. Como resultado de este proceso, se eliminaron algunos ítems del cuestionario inicial basándose en las opiniones y recomendaciones proporcionadas por los expertos. Esta acción se llevó a cabo con el objetivo de refinar y mejorar la calidad del cuestionario, asegurando que los ítems fueran relevantes y pertinentes para la evaluación de la percepción familiar (Ruiz, 2002).

Por último, en la tercera fase, fiabilidad y versión final del cuestionario, se realizaron análisis factoriales exploratorios y confirmatorios.

Para evaluar la fiabilidad y validez del cuestionario CPFASE, se realizaron análisis factoriales, tanto exploratorios como confirmatorios. Estos análisis son esenciales para determinar la estructura subyacente y la calidad general del cuestionario (Lloret-Segura et al., 2014).

- *Análisis Factorial Exploratorio (AFE)*

Siguiendo las recomendaciones de Lloret-Segura et al. (2014), se llevó a cabo un Análisis Factorial Exploratorio (AFE) utilizando el método de Máxima Verosimilitud (ML), considerando la distribución aproximadamente normal de los ítems del cuestionario (valores de asimetría y curtosis menores a 3). Se utilizó el método de rotación oblicua Oblimin y el método de Análisis Paralelo para determinar el número de factores.

Para evaluar el ajuste del modelo, se consideraron el residuo medio cuadrado (RMSR) (<0.05; Harman, 1980) y el índice de bondad de ajuste (GFI) (>0.95; Ruiz, Pardo y San Martín, 2010). Además, se examinaron medidas de adecuación del muestreo, como el índice Kaiser-Meyer-Olkin (KMO) y la prueba de esfericidad de Bartlett.

Para asegurar la adecuación de las escalas, se eliminaron los ítems con cargas factoriales inferiores a 0.40 o superiores a este umbral en dos o más factores antes de realizar el siguiente AFE. Se garantizó que las escalas extraídas tuvieran al menos tres indicadores (Lloret-Segura et al., 2014), y se verificó la interpretabilidad teórica de la solución factorial extraída del AFE.

- *Análisis Factorial Confirmatorio (AFC)*

Para validar aún más la escala desarrollada, se realizó un Análisis Factorial Confirmatorio (AFC). El AFC se considera más concluyente que el AFE ya que confirma la presencia de factores observables en la escala (Meyers et al., 2006).

Dado que los ítems se adaptaron de estudios previos y se modificaron ligeramente, se empleó el AFC para confirmar que los indicadores tenían un constructo común (Sethi y King, 1994). Se recomendó el método de Estimación de Máxima Verosimilitud Robusta (MLR) de Bentler (2007) para tener en cuenta posibles no normalidades multivariadas.

Se utilizaron diversos índices de bondad de ajuste para evaluar el ajuste general del modelo, incluyendo la prueba de significación chi-cuadrado y el chi-cuadrado robusto de Satorra-Bentler (S-B χ^2) (Bentler, 2007; Kline, 2011; Satorra y Bentler, 1994). Otros índices de ajuste incluyeron la relación de chi-cuadrado a grados de libertad ($\chi2/gl$) (Wheaton et al., 1977), el Índice de Ajuste No Normalizado (NNFI) (Hu y Bentler, 1995), el Índice de Ajuste Comparativo (CFI) (Bentler, 1990), el Índice de Ajuste Incremental (IFI) y el Error de Aproximación de la Media Cuadrática de la Raíz (RMSEA) (≤0.08, Browne y Cudeck, 1992; Hu y Bentler, 1999).

Para evaluar la fiabilidad de la escala, se consideraron medidas como el Alfa de Cronbach, la Fiabilidad Compuesta (CR) y la Variación Extraída Media (AVE) para cada uno de los factores (Hair et al., 2006). La validez convergente se evaluó examinando la importancia de las cargas factoriales en cada dimensión correspondiente y sus valores asociados de t. Por otro lado, la validez discriminante se evaluó utilizando el método propuesto por Fornell y Larcker (1981), asegurándose de que la raíz cuadrada de los valores del AVE de cada factor fuera mayor que las correlaciones entre los factores en la escala propuesta. Kline (2005) sugiere que las correlaciones entre varios pares de factores deben ser inferiores a 0.85.

4.5. MARCO GENERAL DEL ANÁLISIS DE DATOS

En esta investigación, se emplearon varios programas de *software* para llevar a cabo el análisis estadístico de los datos. Para realizar estadísticas descriptivas como cálculo de medias, desviaciones estándar, frecuencias y porcentajes, se utilizó el paquete estadístico SPSS (Statistical Package for the Social Sciences), en su versión 24. Además, el mismo *software* SPSS se empleó para realizar análisis de regresión lineal múltiple.

Para llevar a cabo el análisis factorial exploratorio, se utilizó el programa «Análisis FACTOR», desarrollado por Lorenzo-Seva y Ferrando en 2013. Este programa es útil para explorar las relaciones y estructuras de los datos en el contexto de un análisis factorial.

Por otro lado, para realizar el análisis factorial confirmatorio, se utilizó el programa EQS (Structural Equation Modeling *Software*) en su versión 6.2. Este *software* es especialmente adecuado para la confirmación de modelos factoriales y análisis de ecuaciones estructurales.

Estos programas proporcionaron las herramientas necesarias para llevar a cabo los diferentes análisis estadísticos requeridos en la investigación y obtener resultados significativos a partir de los datos recopilados.

- *Análisis descriptivo*

Para llevar a cabo la descripción de la muestra, se recopilaron datos socioeconómicos y demográficos que incluyeron información sobre el parentesco, edad, ocupación, lugar de residencia, afiliación a una asociación y nivel educativo de los participantes. Para analizar las diferencias entre grupos, se utilizaron pruebas estadísticas como las pruebas t para muestras independientes y el análisis de varianza (ANOVA) para un solo factor.

Cuando las pruebas de Levene indicaron que las varianzas eran homogéneas, se aplicó la prueba de contraste de Bonferroni para determinar las diferencias entre categorías o subgrupos de variables. En caso de que las pruebas indicaran que las varianzas no eran homogéneas, se utilizó la prueba de Tamhane.

Para evaluar las diferencias estadísticamente significativas entre grupos, se calculó la medida «d» propuesta por Cohen (1988), que representa la diferencia entre las medias dividida por la desviación estándar. Cohen estableció que los tamaños de efecto se clasifican de la siguiente manera: d = 0.20 como pequeño, d = 0.50 como mediano y d = 0.80 como grande.

Además, se calculó la medida «r» para evaluar la fuerza de la asociación entre variables, donde se considera que r = 0.10 representa un tamaño pequeño de efecto, r = 0.30 un tamaño mediano y r = 0.50 un tamaño grande.

Estos análisis estadísticos permitieron identificar y cuantificar las diferencias y asociaciones entre las variables estudiadas en la muestra.

- *Análisis de correlación*

El análisis de correlación tiene como objetivo evaluar y comprender la fuerza de la relación, ya sea lineal o no lineal, entre dos variables continuas (Zou et al., 2003). Los coeficientes de correlación toman valores dentro del rango de -1 a 1, lo que abarca desde una correlación negativa (-1) hasta una correlación positiva (1), pasando por la ausencia de correlación (0). El signo del coeficiente de correlación (positivo o negativo) indica la dirección de esta relación. En particular, el coeficiente de correlación de Pearson (r) se utiliza para medir la relación lineal entre dos variables aleatorias. En este tipo de relación, cuando el valor de la variable predictora aumenta o disminuye en una cantidad constante, la variable de resultado cambia de manera proporcional y lineal. Es importante destacar que el coeficiente de correlación de Pearson requiere que las variables estén en una escala de medición de intervalos o sean continuas en la población de estudio (Zou et al., 2003).

- *Regresión lineal múltiple*

El análisis de regresión se utiliza para predecir una variable de resultado basada en una variable predictora (Field, 2005). La regresión múltiple es una extensión de la regresión simple en la que se emplean varias variables predictoras en lugar de una sola (Peña, 2013). Su objetivo es determinar cuánto contribuyen un conjunto de variables predictoras a explicar la varianza en una variable dependiente, utilizando una prueba de significación R. La regresión múltiple también permite identificar cuáles de las variables predictoras tienen un mayor poder predictivo mediante la comparación de los coeficientes beta (Cohen y Cohen, 1983).

Para realizar conclusiones válidas sobre una población a partir del análisis de regresión, es esencial que se cumplan varios supuestos. Estos supuestos incluyen la linealidad, la normalidad multivariada, la homocedasticidad, la independencia de errores y la ausencia de multicolinealidad. Además, todas las variables predictoras deben ser cuantitativas o categóricas, y la variable de resultado debe ser cuantitativa y continua.

El supuesto de linealidad implica que existe una relación lineal entre las variables en estudio, lo que se verifica mediante la inspección de residuos o gráficos de dispersión bivariada (Tabachnick y Fidell, 2007). La normalidad multivariada se refiere a que todas las variables y combinaciones lineales de variables deben seguir una distribución normal (Tabachnick y Fidell, 2007), y esto se evalúa mediante medidas de asimetría y curtosis. La homocedasticidad se relaciona con la constancia de la varianza de los errores en diferentes niveles de las variables predictoras (Field, 2005).

La independencia de errores significa que los errores residuales no deben estar correlacionados entre las observaciones, y se verifica con pruebas como la de Durbin-Watson. Por último, la ausencia de multicolinealidad implica que no debe haber una fuerte correlación entre las variables predictoras, y se detecta mediante coeficientes de correlación, siendo valores superiores a 0.80 indicativos de multicolinealidad.

4.6. ÉTICA DE LA INVESTIGACIÓN

En lo que respecta a los aspectos éticos de esta investigación, se han seguido las consideraciones éticas establecidas en el Código Deontológico del Colegio Oficial de Psicólogos y las responsabilidades éticas relacionadas con el uso de pruebas siguiendo las directrices de la Comisión Internacional del *Test* (International *Test* Commission [ITC] 2000). Estas directrices establecen un marco ético y profesional para asegurar que estas herramientas se utilicen de manera justa, precisa y responsable, así entre sus principios clave se pueden destacar los siguientes:

- Uso Ético de los Test: Las directrices enfatizan la importancia del uso ético de los test, lo que implica su administración e interpretación con integridad, respeto a la dignidad de los examinados y consideración de las consecuencias del uso de los test.
- Competencia de los Evaluadores: Señalan que solo los profesionales debidamente calificados y competentes deben administrar e interpretar los test. Esto requiere un conocimiento adecuado de la teoría y práctica de los test, así como de sus limitaciones.
- Justicia en la Evaluación: Las directrices destacan la necesidad de garantizar la justicia y la equidad en la evaluación, lo que incluye la consideración de la diversidad cultural, lingüística y de habilidades de los examinados.
- Validez y Fiabilidad: Subrayan la importancia de utilizar test que sean válidos y fiables para el propósito para el cual se están utilizando. Esto implica una evaluación continua de la adecuación y aplicabilidad de los test en diferentes contextos y poblaciones.
- Confidencialidad e Información: Las directrices establecen que la confidencialidad de los resultados de los test debe ser mantenida. Además, los examinados tienen derecho a recibir información adecuada sobre el propósito, los procedimientos y los posibles usos de los resultados de los test.
- Interpretación y Retroalimentación Apropiada: La interpretación de los resultados debe realizarse de manera precisa y responsable, y los examinados deben recibir retroalimentación adecuada de una manera comprensible y respetuosa.

Igualmente, para la validación del cuestionario se garantizó que todas las familias que participaron en el estudio recibieran información completa sobre el propósito de la investigación. Además, se les informó de manera clara y precisa que su participación en el estudio era completamente voluntaria, lo que significa que tenían la libertad de retirarse en cualquier momento si así lo deseaban. Para proteger los derechos de los participantes, se les proporcionó información detallada sobre sus derechos, los cuales quedaron formalizados a través del consentimiento informado que debían firmar. En dicho documento, se explicó cómo se protegería su anonimato y la confidencialidad de los datos que proporcionaron para la investigación.

5

Resultados relevantes de la línea de investigación en los último cinco años

A continuación, se procede a mostrar conclusiones obtenidas en esta línea de investigación y extraídas de publicaciones relevantes.

• Navarro, D., Sánchez, L., & Gómez, T. (2020). Estudio Bibliométrico de las Publicaciones Científicas sobre la Percepción de las Familias de Alumnos con Necesidades Específicas de Apoyo Educativo. *Revista Internacional De Educación Para La Justicia Social, 9*(1), 231-247. https://doi.org/10.15366/riejs2020.9.1.011

La situación contemporánea referente a la percepción de las familias de alumnos con Necesidades Educativas Especiales (NEAE) dentro del sistema escolar ha sido objeto de estudio por diversos autores, como evidencian el aumento significativo de artículos publicados al respecto. Aunque dicho interés ha sido validado subjetivamente, carece de una perspectiva cuantitativa que proporcione una iluminación mediante datos objetivos. En este contexto, se plantea como objetivo principal, por un lado, comprender el estado actual de la actividad científica entorno a la percepción de las familias de alumnos con NEAE respecto al sistema escolar y, por otro lado, profundizar en el análisis de contenido de los artículos que aborden temáticas afines a nuestro objeto de estudio.

El análisis de contenido nos lleva a la conclusión de la importancia de establecer una colaboración entre profesionales y padres de alumnos con NEAE. Esta colaboración se justifica, entre otros motivos, por su capacidad para acercar las culturas familiar y escolar, promover la educación de los niños y mejorar su rendimiento académico, constituyendo así un indicador de calidad educativa (Epstein, 2011; Glasgow y Whitney, 2009; San Fabián, 1994).

En la revisión de la literatura, se observa la ausencia de un modelo único o predominante utilizado para examinar las relaciones entre las familias de alumnos con NEAE y la escuela. Aunque algunos estudios han adoptado el modelo de Hoover-Dempsey et al. (2005) para prever cómo los factores motivacionales influyen en la participación de los padres en la escuela (Fishman y Nickerson, 2014).

Las contribuciones de los estudios sobre los factores que afectan a la percepción de las familias son de naturaleza multidimensional, destacando factores como las necesidades de supervivencia, suficiencia, apoyo educativo, relaciones con los demás y necesidades de mejora (Hu et al., 2015). Además, se subraya la importancia de la capacidad de los profesores para gestionar eficazmente los comportamientos de los niños, la comprensión de los maestros, el conocimiento de la discapacidad por parte de los profesores y la comunicación efectiva entre profesores y padres (Al Jabery et al., 2014; Starr y Foy, 2012). También se enfatizan prácticas educativas inclusivas, el entorno y equipamiento especial, la aceptación de compañeros y familias, y la integración entre las actividades de educación y rehabilitación (Zanobini et al., 2017).

En el ámbito internacional, gran parte de las contribuciones se ha centrado en el estudio de la percepción de las familias mediante técnicas cualitativas como entrevistas semiestructuradas y grupos focales, en contraste con el uso predominante de cuestionarios para evaluar la satisfacción de las familias con la inclusión educativa.

Es comprensible la falta de unanimidad en el enfoque de estudio, dado que cada país posee su propio desarrollo normativo, a pesar de compartir el paradigma de la inclusión educativa.

En relación con los resultados obtenidos del análisis bibliométrico de la actividad científica sobre la percepción de las familias de alumnos con NEAE en el sistema escolar durante los últimos 5 años (2015-2019), a partir de artículos indexados en la Web of Science-WOS, el indicador de productividad identifica a los autores, revistas, instituciones y países más activos en la producción de publicaciones sobre la temática. Aunque se observa un creciente interés, la producción científica es dispersa en cuanto a autores e instituciones. Aunque los autores más prolíficos, como Burke de la Universidad de Illinois con 3 artículos, no necesariamente han tenido el mayor impacto o relevancia en la comunidad científica, como se evidencia por las citas recibidas.

En términos temporales, se aprecia un aumento en el número de artículos publicados durante los últimos 5 años, indicando un interés continuo en la temática.

Las dos revistas con mayor número de publicaciones son Child Care Health and Development y Journal of Autism and Developmental, ambas con 8 artículos cada una.

En cuanto a la procedencia de los artículos, Estados Unidos destaca significativamente con 77 publicaciones, sobresaliendo entre los demás países.

Es notable que el término «autismo» aparece en 22 artículos, indicando que muchas investigaciones se centran en el estudio de un trastorno específico, el Trastorno del Espectro Autista (TEA).

Cabe destacar que no se han identificado estudios bibliométricos centrados en analizar la participación de las familias de alumnos con NEAE en la escuela, ni su percepción en relación con el sistema escolar.

- Sánchez-Pujalte L, Gómez-Domínguez MT, Soto-Rubio A, Navarro-Mateu D. (2020). Does the School Really Support My Child? SOFIA: An Assessment Tool for Families of Children with SEN in Spain. *Sustainability, 12*(19), 7879. https://doi.org/10.3390/su12197879

La educación inclusiva se configura como un objetivo político primordial para los niños y jóvenes con necesidades educativas especiales (NEE) y discapacidades. La participación activa de las familias se erige como un elemento esencial para lograr con éxito los propósitos de la educación inclusiva. De acuerdo con la literatura especializada, un enfoque valioso para evaluar la calidad de la inclusión en los centros educativos radica en comprender las experiencias de los padres de niños con discapacidad

A pesar de su significativa relevancia, se constata una limitada cantidad de investigaciones centradas en recolectar las percepciones de las familias de alumnos con NEE respecto a su relación con el sistema escolar y su visión del mismo. Este déficit de estudios se agudiza al considerar las NEE en un sentido general, sin enfocarse en trastornos específicos. Además, gran parte de las investigaciones en este ámbito emplean métodos cualitativos, especialmente entrevistas semiestructuradas y grupos focales o de discusión, dificultando la sistematización, comparación y generalización de los datos obtenidos.

En este contexto, el presente estudio adquiere relevancia, ya que su objetivo principal consiste en desarrollar y validar un cuestionario que mida la percepción de las familias sobre el apoyo recibido por parte del sistema educativo. Este cuestionario, denominado Cuestionario de Satisfacción de la Familia en la Evaluación de la Educación Inclusiva (SOFIA), se construye siguiendo las recomendaciones de la International *Test* Commission. El proceso de diseño y validación del instrumento comprende tres fases: revisión bibliográfica y análisis legislativo (Fase 1), elaboración del Cuestionario SOFIA y análisis de la validez de su contenido mediante el juicio de expertos (Fase 2), y análisis de las propiedades psicométricas del instrumento (Fase 3).

Los resultados obtenidos proponen un instrumento que evalúa la percepción de las familias sobre el respaldo brindado por el sistema educativo. Dicho instrumento, desarrollado con rigurosidad y validado por un comité de expertos, presenta una estructura compuesta por tres factores, totalizando 9, 12 y 5 ítems, respectivamente. Estos factores abordan la percepción de la respuesta educativa de la escuela a las NEE, la actitud de la escuela hacia la inclusión y la evaluación psicopedagógica de las NEE. Estas dimensiones halladas se asemejan a propuestas previas sobre la percepción de los padres respecto al apoyo del sistema escolar. Los análisis factoriales exploratorios y confirmatorios respaldan la estructura interna del instrumento, y todas las dimensiones exhiben una fiabilidad adecuada.

A pesar de sus aportes, el estudio enfrenta ciertas limitaciones, entre ellas la naturaleza no probabilística y selectiva de la muestra, lo cual puede afectar la representatividad. Asimismo, el tamaño de la muestra, aunque adecuado según los criterios de Kline para análisis factorial confirmatorio, podría limitar la generalización de los resultados. Otra limitación radica en que el diseño del cuestionario se basa, en parte, en la normativa española sobre educación inclusiva, lo que restringe su aplicabilidad en contextos con estructuras organizativas y políticas educativas diferentes.

Futuras investigaciones podrían abordar estas limitaciones mediante la expansión de la muestra a diversos contextos y países, empleando un muestreo probabilístico. Dada la sólida validez y fiabilidad del Cuestionario SOFIA en el contexto español, su aplicación en otros idiomas y adaptación a distintos países se presenta como una perspectiva prometedora para beneficiar a una audiencia más amplia.

En conclusión, los resultados de la investigación sugieren que las propiedades psicométricas del Cuestionario SOFIA son apropiadas para el contexto español, consolidándose como un instrumento válido y confiable para captar las percepciones de las familias acerca del apoyo proporcionado por el sistema educativo. Estos resultados pueden contribuir al diseño de intervenciones y políticas que promuevan una educación inclusiva y de calidad para todos los estudiantes, incorporando las perspectivas y experiencias de las familias.

Los hallazgos de este estudio permiten avanzar en la investigación sobre la educación inclusiva, un campo de estudio de gran utilidad social al garantizar el derecho a una educación inclusiva y de calidad para todos los niños, especialmente aquellos más vulnerables. Además, desde una perspectiva psicológica y profesional, estos resultados ofrecen consideraciones valiosas para fomentar prácticas educativas que respalden una educación inclusiva y de calidad para todos.

- Laura Sánchez Pujalte; Diego Navarro Mateu; María Teresa Gómez Domínguez (2019). La relación de las familias de alumnos con necesidades específicas de apoyo educativo con el entorno escolar. Revisión bibliométrica. En *Focalizando áreas del saber desde sus nuevas lecturas*, 29, pp. 395-407. Gedisa. ISBN 978-84-17690-38-0.

El propósito fundamental de esta investigación ha sido abordar el estudio y análisis de la producción científica, específicamente en forma de artículos científicos a nivel internacional, durante los últimos diez años, en relación con las familias de niños que presentan Necesidades Educativas y Atención Especial (NEAE) y su entorno escolar. Este examen se llevó a cabo mediante la búsqueda exhaustiva en las bases de datos PsycINFO y ERIC. A pesar de constatar una notoria escasez de documentos en los primeros años, se evidenció un marcado aumento a partir de 2014, indicando un interés en ascenso en el estudio de estos tópicos de investigación. Se identificaron 102 trabajos, con una productividad anual promedio de 10,2 estudios.

En el análisis de la producción en función de la revista, se observó que, aunque no existe un perfil específico de revistas especializadas en este tópico, el Journal of Research in Special Educational Needs sobresale sobre las demás, albergando un total de 31 artículos que representan el 30,39% del conjunto.

En cuanto a la variable autor, se aplicó una perspectiva bibliométrica, revelando que la mayoría de los autores han publicado únicamente un trabajo, en línea con hallazgos previos (Quiles, Ortigosa, Pedroche y Méndez, 2000) (Quiles et al., 2000). Siguiendo la clasificación de Crane (1969), es notable la ausencia de autores catalogados como «grandes productores», siendo el 93,9% clasificado como «transeúntes». Flouri, Eirini destaca como el autor más prolífico, con un total de 5 producciones, siendo clasificado como «productor moderado».

En términos generales, el índice de coautoría refleja la tendencia científica hacia la investigación colaborativa, evidenciando que el 58,8% de los trabajos fueron firmados por un solo autor. Este dato sugiere un interés extendido entre diversos autores en esta temática.

El análisis del contenido revela que la línea de investigación predominante se enfoca en demostrar el impacto que la familia ejerce sobre los niños con NEAE en diversos aspectos de sus vidas, como su desarrollo, adaptación al sistema escolar, y ajuste emocional y social, abarcando un 41,18% del total de la muestra. Otra área de investigación de interés se centra en la relación entre la escuela y la familia, con un total de 20 artículos que representan el 16,61% de la muestra. Cabe destacar la baja prevalencia de artículos abordando la temática en relación a familiares que no son los padres, como hermanos u otros miembros de la familia extensa.

Los datos recabados en este estudio pueden servir como referencia valiosa para investigaciones futuras relacionadas con las familias de niños con NEAE, proporcionando información sobre las tendencias de estudio en estas áreas de conocimiento.

• Laura Sánchez Pujalte; Diego Navarro Mateu; María Teresa Gómez Domínguez (2019). Evolución legislativa hacia la inclusión: el papel otorgado a las familias de alumnos con NEAE. En *Generando nuevos estudios culturales*. Pirámide. ISBN 978-84-368-4266-1.

A partir del análisis de la definición de educación inclusiva y la legislación que la respalda, se destaca la importancia de la participación de diversos agentes sociales, incluida la familia, para materializar una educación inclusiva y de calidad para todos. Numerosos estudios han resaltado los beneficios de una sólida relación entre la familia y la escuela para el rendimiento académico de los alumnos, y su impacto va más allá del coeficiente intelectual (Fan y Chen, 2001; Jeynes, 2005; Powell et al., 2010; Topor et al., 2010). Esta colaboración se asocia con tasas más elevadas de asistencia y graduación (Epstein y Sheldon, 2002) y con una reducción de problemas disciplinarios (Powell et al., 2010; Rogers et al., 2009; Sheldon y Epstein, 2002).

Una relación efectiva entre las familias de alumnos con Necesidades Específicas de Apoyo Educativo (NEAE) y la escuela es esencial para garantizar una educación inclusiva y de calidad. Desde la perspectiva normativa, la legislación insta a los centros educativos a fomentar esta colaboración, otorgando a las familias el derecho a participar activamente en la educación de sus hijos. A pesar de que el marco legal proporciona un amplio contexto para facilitar esta participación, no necesariamente transforma las actitudes y prácticas de las familias ni de los centros para promoverla.

El camino hacia el actual marco legislativo en Educación Inclusiva ha sido extenso y complejo, con aproximaciones graduales a la consolidación del derecho a la educación para todos. En este contexto, se realiza un recorrido por el contexto normativo internacional que influyó en la legislación a nivel estatal y autonómico en esta materia, así como por los principales hitos legislativos en educación en España y cómo abordaron la atención a los alumnos con NEAE y a sus familias.

El recorrido por el contexto normativo internacional y los hitos legislativos en España revela:

- En 1990, la UNESCO introduce el concepto de inclusión.
- La Declaración de Salamanca de 1994 señala un cambio hacia sistemas educativos más inclusivos.
- La Agencia Europea para las Necesidades Educativas Especiales y la Inclusión Educativa se establece en 1996.
- La Ley General de Educación (LGE) de 1970 destaca el principio de igualdad y la educación especial como sistema paralelo.
- El Real Decreto 334/1985 redefine la atención a alumnos con NEAE.
- La LOGSE de 1990 menciona de manera limitada la participación de las familias.
- El Real Decreto 696/1995 detalla la participación de las familias en el sistema educativo.
- La LOCE de 2002 aborda de manera general la participación de las familias.
- La LOE de 2006 dedica un título completo a la equidad, con dos artículos sobre la participación de las familias de alumnos con NEAE.
- La normativa de las Comunidades Autónomas proporciona referencias concretas sobre la participación de las familias en la escuela.

En conjunto, estos elementos delinean un panorama normativo e internacional que destaca la importancia de la colaboración entre la familia y la escuela para lograr una educación inclusiva y de calidad.

• Laura Sánchez Pujalte, María Teresa Gómez Domínguez, Valentina Gómez Domínguez (2020). Cómo las familias de alumnos con NEAE perciben su relación con la escuela. Revisión bibliográfica. En *Reflexiones para la sociedad del siglo XXI: aportaciones desde la Academia*, pp. 391-404. Tirant Lo Blanch. ISBN 978-84-18614-27-9.

El propósito fundamental de este estudio emana del interés general de explorar la percepción que las familias de estudiantes con Necesidades Educativas Especiales (NEAE) tienen sobre la labor desempeñada por el sistema educativo, en consonancia con los principios de la legislación vigente que propugna la educación inclusiva y de calidad para todos los estudiantes. Las conclusiones derivadas de este trabajo no solo poseen relevancia académica, sino que también pueden tener un impacto significativo en los responsables de formular políticas educativas, en especial en los centros escolares, quienes son los encargados de llevar a cabo y poner en práctica dicha normativa.

Se destaca la colaboración entre la familia y la escuela como uno de los componentes cruciales en la red de apoyos esenciales para la construcción de una escuela inclusiva. Siguiendo la perspectiva del modelo ecológico de Bronfenbrenner, se reconoce que el potencial evolutivo de microsistemas como la familia y la escuela se potencia cuando trabajan de manera colaborativa para alcanzar objetivos comunes en beneficio de los niños. Este enfoque promueve la confianza mutua, una orientación positiva y la consecución de metas compartidas, como lo argumentan Simón y Echeita (2012).

La identificación y comprensión de los factores que influyen en la percepción de las familias acerca de los apoyos proporcionados por el sistema educativo se erige como una cuestión primordial para asegurar una educación inclusiva y de calidad para todos los estudiantes, independientemente de sus necesidades específicas. Se subraya que el éxito de la inclusión no puede limitarse únicamente a las disposiciones legislativas, sino que requiere la participación activa y la actitud positiva de todos los actores involucrados, con especial énfasis en los centros escolares y el cuerpo docente.

La colaboración estrecha entre los profesionales de la educación y los padres ha sido consistentemente respaldada por diversos estudios, los cuales indican que esta sinergia propicia la aproximación de la cultura escolar y familiar, generando mejoras significativas en el rendimiento académico y, en última instancia, elevando la calidad educativa (Epstein, 2011; Glasgow y Whitney, 2009; San Fabián, 1994).

La revisión de la literatura revela la ausencia de un modelo único o predominante para examinar las relaciones entre las familias de estudiantes con NEAE y la escuela. Algunos estudios han adoptado el modelo de Hoover-Dempsey y Sandler (2005) para predecir cómo los factores motivacionales influyen en la participación de los padres en la escuela (Fishman y Nickerson, 2014). En este sentido, se destaca la multidimensionalidad de los factores que inciden en la percepción de las familias, abarcando aspectos como las necesidades básicas, el apoyo educativo, las relaciones sociales y las áreas de mejora (Hu et al., 2015). Asimismo, se exploran dimensiones como la capacidad de los profesores para gestionar eficazmente el comportamiento de los estudiantes, la comprensión de los maestros, el conocimiento sobre discapacidades y la comunicación efectiva entre profesores y padres (Al Jabery et al., 2014; Starr y Foy 2012).

A nivel internacional, se observa un predominio de enfoques cualitativos, tales como entrevistas semiestructuradas y grupos focales, para indagar en la percepción de las familias, en contraste con el uso de cuestionarios como el Syriopoulou-Delli y Polychronopoulou (2019) o el Sistema ISIS (Indagine di Soddisfazione dell'Integrazione Scolastica, encuesta de satisfacción de inclusión escolar de Crispiani y Giaconi, 2009) para evaluar la satisfacción de las familias con la inclusión educativa. No obstante, se señala la falta de unanimidad en el abordaje de la temática, reflejada en la diversidad normativa entre países, lo que subraya la necesidad de desarrollar un cuestionario validado que permita evaluar la percepción de las familias sobre su relación y los apoyos proporcionados por el sistema educativo.

En conclusión, este estudio no solo aborda aspectos sustanciales relacionados con la percepción de las familias de estudiantes con NEAE, sino que también resalta la importancia de considerar la diversidad de enfoques y contextos normativos, abogando por la creación de instrumentos validados que faciliten la evaluación sistemática de dicha percepción. Estas reflexiones pretenden contribuir a la formulación de políticas educativas más efectivas y a la implementación exitosa de la educación inclusiva en los centros escolares.

6

Referencias bibliográficas

Acaso, M. (2015). *rEDUvolution. Hacer la REVOLUCIÓN en la EDUCACIÓN*. Barcelona: Paidós.

Ainscow, M. (1999). *Understanding the Development of Inclusive Schools*. Londres: Routledge Falmer. (Versión en español: *Desarrollo de Escuelas Inclusivas*. Madrid: Narcea, 2004).

Ainscow, M. (2005). Desarrollo de sistemas educativos inclusivos. En *Actas del Congreso Guztientzaco eskola: Donostia-San Sebastián. La respuesta a las necesidades en una escuela vasca inclusiva* (pp. 19-36). Vitoria-Gasteiz: Servicio Central de Publicaciones del Gobierno Vasco.

Ainscow, M. (2005). *«Developing Inclusive Education Systems: ¿What are the Levers for Change?» Journal of Educational Change*, 6(2), 109-124.

Ainscow, M., Booth, T., y Dyson, A. (2006). *Improving schools, developing inclusion*. New York: Routledge.

Ainscow, M. y César, M. (2006). Inclusive education ten years after Salamanca: Setting the agenda. *European Journal of Psicology of education, XXI* (3), 231-238.

Al Jabery, M. A., Arabiat, D. H., Al Khamra, H. A., Betawi, I. A y Jabbar, S. K. A. (2014). Parental Perceptionsof Services Provided for Children with Autism in Jordan. *Journal of Child and Family Studies, 23*(3), 475-486. doi: 10.1007/s10826-012-9703-0.

Angarita, L. (2014). Estudio bibliométrico sobre uso de métodos y técnicas cualitativas en investigación publicada en bases de datos de uso común entre el 2011-2013. *Revista Iberoamericana de Psicología: Ciencia y Tecnología, 7*(2), 67-76.

Al Jabery, M. A., Arabiat, D. H., Al Khamra, H. A., Betawi, I. A y Jabbar, S. K. A. (2014). Parental Perceptionsof Services Provided for Children with Autism in Jordan. *Journal of Child and Family Studies, 23*(3), 475-486. doi: 10.1007/s10826-012-9703-0.

Alfonso, B. (2010). Alumnos/as con NEE, familia y escuela, juntos por la integración. Temas para la Educación. *Revista digital para profesionales de la enseñanza,* 9.

Alsem, M. W., Verhoef, M., Gorter, J. W., Langezaal, L. C. M., Visser-Meily, J. M. A., y Ketelaar, M. (2016). «Parents» «perceptions of the services provided to children with cerebral palsy in the transition from preschool rehabilitation to school-based services. *Child: Care, Health and Development, 42*(4), 455-463. doi:10.1111/cch.12341.

Arnaiz, P. (2003). *Educación Inclusiva, una escuela para todos.* Málaga: Aljibe.

Arnaiz, P. y Guirao, J. M. (2015). La autoevaluación de centros en España para la atención a la diversidad desde una perspectiva inclusiva: *ACADI. Revista electrónica interuniversitaria de Formación del Profesorado, 18*(1), 45-101.

Barroso, J. y Cabero, J. (2010). *La investigación educativa en TIC. Visiones prácticas.* Madrid: Síntesis.

Barton, L. (2008). Estudios sobre discapacidad y la búsqueda de la inclusividad. Observaciones. *Revista de Educación, 349* (mayo-agosto) 137-152. Disponible en: www.revistaeducacion.mec.es/re349/re349.pdf

Batagelj, V., y Mrvar, A. (1998). Pajek-program for large network analysis. *Connections, 21*(2), 47-57.

Beltrán, J. A. (2011). La educación inclusiva. *Revista Padres y Maestros, 338,* 5-9.

Benítez, A. M. (2013). *Respuesta educativa de los centros docentes ante alumnos con Síndrome de Down: actitudes de los padres.* (Tesis doctoral). Universidad de Sevilla.

Bentler, P. M. (1990). Comparative fit indexes in structural models. *Psicological Bulletin, 107*(2), 238-246. doi: 10.1037/0033-2909.107.2.238.

Bentler, P. M. (2007). On tests and indices for evaluating structural models. *Personality and Individual Differences, 42*(5), 825-829. doi: http:// 10.1016/j.paid.2006.09.024

Bernheimer, L. P. y Keogh, B. K. (1995). Wearing Intervencitinons into the Fabrico Everyday Life: An Approach to Family Assessment. *TECSE, 15*(4), 415-433.

Blue-Banning, M. y Summers, J. A. (2004). Constructive guidelines for collaboration. *Exceptional Children, 70*(2), 167-184.

Bolívar A. (2006). Familia y escuela: dos mundos llamados a trabajar en común. *Revista de educación, 339*, 119-146.

Booth, T. (2006). Manteniendo el futuro con vida; convirtiendo los valores de la inclusión en acciones. En M. A. Verdugo y F. B. Jordan de Urríes (Coords.), *Rompiendo inercias. Claves para avanzar. VI Jornadas Científicas de Investigación sobre Personas con Discapacidad* (pp. 211-217). Salamanca: Amarú.

Booth, T., Ainscow, M. (Ed.) (1998). *From them to us*. Londres: Routledge.

Booth, T. y Ainscow, M. (2015). *Guía para la Educación Inclusiva. Desarrollando el aprendizaje y la participación en los centros escolares*. Madrid: Fuhem.

Bornstein, M. H. (2002). Patrenting infants. En M. H. Borstein (Ed.), *Handbook of Parenting*. Vol. 1 Children and Parenting (pp. 3-43). Mahwah, NJ: Erbaum.

Bórquez, B. & Lopicich, B. (2017). La dimensión bioética de los Objetivos de Desarrollo Sostenible (ODS). Revista de Bioética y Derecho, 41, 121-139. Recuperado de: http://scielo.isciii.es/scielo.php?script=sci_arttext&pid=S1886-58872017000300009&lng=es&tlng=es

Bradley, R. H. (2002) Envoircmnt and parenting. En M.H. Borstein (Ed.), *Handbook of Parenting*. Vol. 2. Biology and ecology of parenting (pp. 281-314). Mahwah, NJ: Erbaum.

Bradley, R. H. y Caldwell B. M. (1995). Caregiving and the regulation of Child Growth and Developement: Describing Proximal Aspects of Caregiving Systems. *Developemental Review, 15*, 38-85.

Bristol City Council (2003). Bristol Inclusion Standard. Good Practice Guidance for Schools. Disponible en: www.bristol.gov.uk/ccm/cms-service/stream/asset/?asset_id=34130303

Bronfenbrenner, U. (1976). The ecology of human development: history and perspectives. *Psychologia, 19*(5), 537-549.

Bronfenbrenner, U. (1977a). Lewinian space and ecological substance. *Journal of Social Issues*, *33*(4), 199-212.

Bronfenbrenner, U. (1977b). Toward an experimental ecology of human development. *American Psychologist*, *32*(7), 513-531.

Bronfenbrenner, U. (1987). *La ecología del desarrollo humano*. Barcelona: Ediciones Paidós.

Bronfenbrenner, U. (1979). *The ecology of Human Development*. Cambridge, Harvard University Press. (Trad. Cast.: La ecología del desarrollo humano. Barcelona, Ediciones Paidós, 1987).

Bronfenbrenner, U. (1992). Ecological systems theory. En R. Vasta (Ed.) *Six theories of child development: revised formulations and current issues* (pp. 187-249). Bristol: Jessica Kingsley Publisher.

Browne, M. W. y Cudeck, R. (1992). Alternative ways of assessing model fit. *Sage focus editions, 154,* 136-136. doi: http://doi.org/10.1177/0049124192021002005

Buela-Casal, G., Carretero-Dios, H. y De los Santos-Roig, M. (2001). Consistencia Longitudinal de la Reflexividad-Impulsividad evaluada por el Matching Familiar figures *test*-20 (MFFT-20). *Clínica y Salud, 12*, 51-70.

Cabero-Almenara, J., y Llorente-Cejudo, M. C. (2013). La aplicación del juicio de experto como técnica de evaluación de las tecnologías de la información (TIC). *Revista de Tecnología de Información y Comunicación en Educación,* 7(2) 11-22. Recuperado de: http://tecnologiaedu.us.es/tecnoedu/images/stories/jca107.pdf

Casado, A y Medina, S. L. M. (2023). La educación inclusiva en la LOMLOE: reflexión y perspectiva de futuro. En Sánchez y Quintero (coord.), *Escuela digital y nuevas competencias docentes* (1.ª ed., pp. 60-74). Dykinson.

Casanova, M. A y Rodríguez, H. (coords.) (2009). *La inclusión educativa, un horizonte de posibilidades*. Madrid: Editorial La Muralla.

Chu, S. Y., y Lo, Y. L. (2014). «Taiwanese families» perspectives on learning disabilities: an exploratory study in three middle schools. *Journal of Research in Special Educational Needs,* *16*(2), 77-88. doi: 10.1111/1471-3802.12058.

Cohen, J. (1988). *Statistical power analysis for the behavioral sciences* (2.ª ed.). Hillsdale, NJ: Lawrwence Earlbaum Associates.

Cohen, J., y Cohen, P. (1983). *Applied Multiple Regression/Correlation Analysis for the Behavioral Sciences*. Hillsdale, NJ: Erlbaum.

Comellas, M. J. (2009). *Familia y escuela: compartir la educación*. Barcelona: Editorial Grao.

Constitución Española (BOE N.º 311.1, de 29 de diciembre de 1978).

Costas, R. y Bordon, M. (2007). The h-index: Advantages, limitations and its relation whith Othert Bibliometrics Indicators at the micro level. *Journal of Informatrics, 1*(3), 193-203. doi: 10.1016/j.joi.2007.02.001.

Crispiani, P., y C. Giaconi. 2009. *Qualità di vita e integrazione scolastica* [Quality of Life and School Inclusion]. Trento: Erickson.

Darling Hammond, L. (2001). *El deseo de aprender. Cómo crear buenas escuelas para todos*. Barcelona: Ariel.

Degener, T. (2017). A New Human Rights Model of Disability. En Bantekas, I., Stein, M. A., Anastasiou, D. (Eds.), The UN Convention on the Rights of Persons with Disabilities: A Commentary. Oxford University Press.

De Filippo, D. y Fernández, M. T. (2002). Bibliometría: importancia de los indicadores bibliométricos. Publicación de RECYT (Red de indicadores de ciencia y tecnología). Recuperado de ricyt.org/index.php.

Duhaney, L. M. G., y Salend, S. J. (2000). Parental Perceptions of Inclusive Educational Placements. *Remedial and Special Education, 21*(2), 121-128. doi:10.1177/074193250002100209.

Dyson, A. (2001). L'equitat com al camí a l'excel. lència? Possibilitats i reptes en l'educació inclusiva. *Aloma. Revista de psicologia, ciències de l'educació i de l'esport, 5*, 91-106.

Echeita, G y Ainscow. M. (2011). La educación inclusiva como derecho. Marco de referencia y pautas de acción para el desarrollo de una revolución pendiente. *Tejuelo, 12*, 26-46.

Echeita, G., Simón, C., Verdugo, M. A., Sandoval, M., Calvo, I. y González-Gil, F. (2009). Paradojas y dilemas en el proceso de inclusión educativa en España. *Revista de educación, 349*, 153-178.

Elbaum, B., Blatz, E. T., y Rodríguez, R. J. (2015). Parents «Experiences as Predictors of State Accountability Measures of Schools» Facilitation of

Parent Involvement. *Remedial and Special Education, 37*(1), 15-27. doi: 10.1177/0741932515581494.

Epstein, J. L. y Sanders, M. G. (2000). Connecting home, school, and community: New directions for social research. En M. T. Hallinan (Ed.) *Handbook on the Sociology of education* (pp. 285-306). New York: Kluwer Academic/Plenún.

Epstein, J. L., y Sheldon, S. B. (2002). Present and accounted for: Improving student attendance through family and community involvement. *The Journal of Educational Research, 95,* 308-318. doi:10.1080/00220670209596604.

Escudero, J. M. y Martínez, B. (2011). Educación Inclusiva y cambio escolar. *Revista Iberoamericana de Educación, 55,* 85-105.

Esnaola, I. (2005). Autoconcepto físico y satisfacción corporal en mujeres adolescentes según el tipo de deporte practicado. *APUNTS. Educación física y Deportes, 80,* 5-12.

Fan, X. y Chen, M. (2001). «Parent involvement and students» academic achievement: A meta-analysis. *Educational Psychology Review, 13,* 1-22.

Fernández, M. D. y Malvar, M. L. (2021). LOMLOE: ¿un avance hacia la educación inclusiva? *DYLE: Dirección y liderazgo educativo* (10), 22-25.

Fernández-Enguita, M. (1993). *La profesión docente y la comunidad escolar: crónica de un desencuentro.* Madrid: Morata.

Field, A. (2005). Reliability analysis. En Field, A. (ed.): *Discovering Statistics Using spss.* Cap. 15. (2.ª ed). London: Sage.

Fierro, A. (1981). *La personalidad del subnormal.* Salamanca: Universidad de Salamanca.

Fishman, C. E., y Nickerson, A. B. (2014). Motivations for Involvement: A Preliminary Investigation of Parents of Students with Disabilities. *Journal of Child and Family Studies, 24*(2), 523-535. doi:10.1007/s10826-013-9865-4.

Fonseca, C. y Omate, S. (2013). Os cusos de Pedagogía da Universidade Estadual Paulista e a Educaçao inclusiva. *Revista Brasileira de Educaçao Especial, 19*(3), 325-342.

Fontana, A., Alvarado, A. L., Angulo, M., Marín, E. y Quirós, D. (2009). El apoyo familiar en el proceso de integración educativa de estudiantes con necesidades educativas en condición de discapacidad. *Revista Electonic@ Educare, XIII.,* 2, 17-35.

Freixa, M. (2003). Diagnóstico del contexto familiar. En M. Álvarez y R. Bisquerra (coords.) *Manual de Orientación y Tutoría* (pp. 79-93). Barcelona: *Praxis.*

Fornell, C. y Larcker, D. (1981). Evaluating structural equation models with unobservables variables and measurement error. *Journal of MarketingResearch, 10*(6), 1364-1370. doi: 10.2307/3151312.

Gallego, C. (2011). El apoyo inclusivo desde una perspectiva comunitaria. *Revista Interuniversitaria de Formación de Profesorado, 25*(1), 93-109.

Gallego, J. L. y Rodriguez, A. (2016). *La alteridad en educación. Teoría e investigación.* Madrid: Pirámide.

García, F. J. (1994). Interacción escuela-familia. En G. Musitu y P. Allat (coords.), *Psicosociología de la Familia* (pp. 273-292). Valencia: Albatros Educación.

García-Bacete, F. J. (2006). Cómo son y cómo podrían ser las relaciones entre escuelas y familias en opinión del profesorado. *Cultura y Educación,* 18(3-4), 247-265. doi:10.1174/113564006779173000

Gascón, A. y Storch, J. G. (2006) *Fray Pedro Ponce de León, el mito mediático. Los mitos antiguos sobre la educación de los sordos.* Madrid: Editorial Universitaria Ramón Areces.

Giné, C. (2009). Aportaciones al concepto de inclusión. La posición de los organismos internacionales. En C. Giné (Ed.), *La educación inclusiva. De la exclusión a la plena participación de todo el alumnado* (pp. 13-20). Barcelona: Horsori Editorial.

Glasgow, N. A. y Whitney, P. J. (2009). *What Successful Schools Do to Involve Familie.* London: Sage.

González, E. (2009). Evolución de la Educación Especial: del modelo del déficit al modelo de la Educación Inclusiva. El largo camino hacia una educación inclusiva: la educación especial y social del S. XX a nuestros días. En *XV Coloquio de la Historia de la Educación* (pp. 429-440). Salamanca: Ediciones Universidad de Salamanca.

González, T. (2011). Modelos de escolarización: trayectoria histórica de la Educación Especial. *Educaçao e Filosofia Uberlandia, 25*(50), 691-716.

Guirao, A. y Sepúlveda, L. (2012). El alumnado con necesidades educativas especiales. Una mirada histórica desde la Educación Especial desde normativas legales. *Qurriculum, 25, 77-102.*

Hair, J. F., Black, W. C. Babin, B. J., Anderson, R. E. y Tatham, R. L. (2006). *Multivariate Data Analysis* (6.ª ed.). Upper Sadle River, NJ: Prentice Hall.

Hall, C. M. (2011). Publish and perish? Bibliometric analysis, journal ranking and the assessment of research quality in tourism. *Tourism Management*, 32(1), 16-27. doi: https://doi.org/10.1016/j.tourman.2010.07.001

Hernández, E. (Coord.) (2002). *Bases Pedagógicas de la Educación Especial.* Sevilla: Mergablum.

Henderson, A. T. y Mapp, K. L. (2002). *A new wave of evidence: The impact of school, family, and community connections on student achievement.* Austiri, TX: National Center for Family and Comrnunity Connections with Schools, Southwest Educational Development Laboratory.

Hinojo, F. J. (2004). La institución escolar y la familia: formas de trabajo colaborativo para la mejora de la calidad en la enseñanza. *Revista Educar,* enero-marzo, 43-52.

Hoover-Dempsey, K. V., Walker, J. M. T., y Sandler, H. M. (2005). Parents» motivations for involvement in their children's education. En E. N. Patrikakou, R. P. Weisberg, S. Redding, y H. J. Walberg (Eds.), *School-family partnerships for children's success* (pp. 40-56). New York: Teachers College Press.

Hu, C. y Bentler, P. M. (1995). Evaluating model fit. En R. Hoyle (Ed.), *Structural equation modeling: Concept, issues and applications* (pp. 76-99). Thousand Oaks, CA: Sage Publications, Inc.

Hu, C. y Bentler, P. M. (1999). Cutoff criteria for fit indexes in covariance structure analysis: Conventional criteria versus new alternatives. *Structural equation Modeling,* 6(1), 1-55. doi: http://dx.doi.org/10.1080/10705519-909540118

Hu, X., Turnbull, A., Summers, J. A., y Wang, M. (2015). Needs of Chinese Families with Children With Developmental Disabilities: A Qualitative Inquiry. *Journal of Policy and Practice in Intellectual Disabilities, 12*(1), 64-73. doi:10.1111/jppi.12110.

INCLUD-ED (2011). *Actuaciones de éxito en las escuelas europeas*. Madrid: Ministerio de Educación, Cultura y Deporte. Subdirección General de Documentación y Publicaciones.

Jeynes, W. H. (2005). A meta-analysis of the relation of parental involvement to urban elementary school student academic achievement. *Urban Education, 40,* 237-269. doi:10.1177/0042085905274540.

Jiménez, M. A. (2015). *La participación de las familias y otros agentes de la comunidad en la implementación de programas educativos en centros de educación primaria.* (Tesis doctoral). Universidad de Murcia.

Jiménez, P. y Vilá, M. (1998). *De educación especial a educación en la diversidad*. Málaga: Aljibe.

Kanter, A. S. (2015). *The Development of Disability Rights Under International Law: From Charity to Human Rights*. Routledge.

Kayess, R., y French, P. (2008). Out of Darkness into Light? Introducing the Convention on the Rights of Persons with Disabilities. *Human Rights Law Review,* 8(1), 1-34.

Kline, R. B. (2005). *Principles and practice of structural equation modeling* (2.ª ed.) New York: Guilford Press.

Lalvani, P. (2015). Disability, Stigma and Otherness: Perspectives of Parents and Teachers. *Internacional Journal of Disability, Development and Education, 62,* 379-393. https://doi.org/10.1080/1034912X.2015.1029877

Landeta, J. (2002). *El método Delphi: una técnica de previsión para la incertidumbre*. Barcelona: Ariel.

Laws, G., y L. Millward. 2001. «Predicting Parents» Satisfaction with the Education of Their Child with Down's Syndrome. *Educational Research* 43(2), 209-226. doi:10.1080/00131880110051173.

Leyser, I., y Kirk, R. (2011). «Parents» Perspectives on Inclusion and Schooling of Students with Angelman Syndrome: Suggestions for Educators. *International Journal of Special Education 26*(2): 79-91. http://www.eric.ed.gov/contentdelivery/servlet/ERICServlet?accno=EJ937177

Ley 14/1970, de 4 de agosto, General de Educación y Financiamiento de la Reforma Educativa (BOE de 6 de agosto).

Ley 13/1982, de 7 de abril de Integración Social de Minusválidos (BOE de 30 de abril).

Ley 1/1990, de 3 de octubre, de Ordenación general del Sistema Educativo (BOE de 4 de octubre).

Ley de Instrucción Pública (1857). Recuperado en https://www.boe.es/datos/pdfs/BOE/1857/1710/A00001-00003.pdf

Ley Orgánica 9/1995, de 20 de octubre, de Participación, Evaluación y Gobierno de los Centros Docentes (BOE de 21 de noviembre).

Ley Orgánica 10/2002, de 23 de diciembre, de Calidad de la Educación (BOE de 24 de diciembre).

Ley Orgánica 2/2006 de Educación, de 3 de mayo (BOE de 4 de mayo).

Ley Orgánica 8/2013 para la Mejora de la calidad educativa, de 9 de diciembre (BOE de 10 de diciembre).

Ley Orgánica 3/2020, de 29 de diciembre, por la que se modifica la Ley Orgánica 2/2006, de 3 de mayo, de Educación.

Lloret-Segura, S., Ferreres-Traver, A., Hernández-Baeza, A. y Tomás, I. (2014). El análisis factorial exploratorio de los ítems: una guía práctica, revisada y actualizada. *Anales de Psicología, 30*(3), 1151-1169. doi: http://dx.doi.org/10.6018/analesps.30.3.199361

Lorenzo-Seva, U. y Ferrando, P. J. (2013). FACTOR 9.2: A Comprenhensive Program for Fitting Exploratory and Semiconfirmatory Factor Analisys and IRT Models. *Applied Psychological Measurement, 37*(6), 497-498. doi: 10.1177/0146621613487794.

Maeztu, B. (2004). Colaboración familia-escuela en diversidad. *Tavira: Revista de Ciencias de la Educación, 20*, 59-80.

Marchesi A. (2004). La familia, entre el agobio y la despreocupación. En A. Marchesi (ed.), *Qué será de nosotros, los malos alumnos* (pp. 197-221). Madrid: Alianza Editorial.

Martínez Lirola, M. (2020). Hacia una educación inclusiva: formación del profesorado de primaria enmarcada en los ODS que potencian la igualdad de género. Revista Iberoamericana de Educación, 82(2),27-45. https://doi.org/10.35362/rie8223596

MEC (1989). *Libro blanco para la reforma educativa.* Madrid: SGP del MEC.

Meyers, L. S., Gamst, G. y Guarino, A.J. (2006). *Applied multivariate research: Design and implications.* CA: Sage publications, Inc.

Mikkelsen, N. E. (1959). A metropolitanarea in Denmark, Copenhagen. En R. Kugel y W. Wolfensberger (eds.), *Changing Pattern im residential Service for the mentally Retarded.* Washington, D. C.: Presidents'Committee on Mental Retardation.

Mires, C. B., Lee, D. L., y McNaughton, D. (2018). Every child that is a foster child is marked from the beginning: The home-school communication experiences of foster parents of children with disabilities. *Child Abuse & Neglect, 75*, 61-72. doi:10.1016/j.chiabu.2017.07.023.

Montero, D. Etxabe, E. y López. A. L. (2017). Educación Secundaria y discapacidad Intelectual en Euskadi. *Cuadernos Deusto de Derechos Humanos, 87.*

Muntaner, J. J. (2000). Aportaciones de la Educación Especial a las escuelas eficaces. En A. Miñambres, y G. Jové. *La atención a las necesidades educativas especiales: de la educación infantil a la Universidad* (pp. 77-95). Lleida: Universidad de Lleida.

Muntaner, J. J. (2013) Calidad de vida en la escuela inclusiva. *Revista Iberoamericana de Educación, 63,* 35-49.

Murillo, F. J., y Duk, C. (2017). El ODS 4 (y el 16) como meta para los próximos años. *Revista latinoamericana de educación inclusiva, 11*(2), 11-13.

Muñoz, A. (2005). La familia como contexto de desarrollo infantil. Dimensiones de análisis relevantes para la intervención educativa y social. *Portularia, 2,* 147-163.

Negrín Medina, M. Ángel, y Marrero Galván, J. J. (2021). La nueva Ley de Educación (LOMLOE) ante los Objetivos de Desarrollo Sostenible de la Agenda 2030 y el reto de la COVID-19. *Avances En Supervisión Educativa* (35). https://doi.org/10.23824/ase.v0i35.709

Nirje, B. (1969). The normlization principle and its human management implications. En R. Kugel y W. Wolfensberger (eds.), *Changing Pattern im residential Service for the mentally Retarded.* Washington, D.C.: Presidents'Committee on Mental Retardation.

ONU (1948). Declaración Universal de Derechos Humanos. Disponible en: http://www.un.org/es/documents/udhr/

ONU (1959). Declaración de los derechos del niño. Disponible en: https://www.humanium.org/es/wpcontent/uploads/2013/09/Declaraci %C3%B3n-de-los-Derechos-del-Ni%C3%B1o1.pdf

ONU. (2006). Convención sobre los Derechos de las Personas con Discapacidad y Protocolo Facultativo.

Palacios, J. y Paniagua, G. (1993). *Colaboración de los padres*. Madrid: Ministerio de Educación y Ciencia.

Parra, C. (2010). Educación inclusiva: Un modelo de educación para todos. *Revista ISSES*, 8, 73-84.

Parra, C. (2011). Educación inclusiva: un modelo de diversidad humana. *Revista Educación y Desarrollo Social, 5*(1), 139-150.

Parsons, S., Lewis, A. Davison, I., Ellins, J., y Robertson, C. (2009). Satisfaction with Educational Provision for Children with SEN or Disabilities: A National Postal Survey of the Views of Parents in Great Britain. *Educational Review, 61*(1), 19-47. doi:10.1080/00131910802684755.

Pascual-Sevillano, M. A., García-Rodríguez, M. S. y Vázquez-Cano, E. (2019). Atención a la diversidad e inclusión en España. Sinéctica, 53, 1-17. Recuperado de http://www.scielo.org.mx/pdf/sine/ n53/2007-7033-sine-53-00011.pdf. doi: 10.31391/ S2007-7033(2019)0053-011.

Persson, O., R. Danell, J. Wiborg Schneider. (2009). How to use Bibexcel for various types of bibliometric analysis. En F. Åström, R., Danell, B. Larsen y J. Schneider (Ed.), *Celebrating scholarly communication studies: A Festschrift for Olle Persson at his 60th Birthday* (pp. 9-24). Leuven, Belgium: International Society for Scientometrics and Informetrics.

Peña, D. (2013). *Análisis de datos multivarientes.* Barcelona: McGraw-Hill.

Pinto, J. (2008). Educación Especial. Necesidades Educativas Especiales. Recuperado el 18 de diciembre de 2018 de http://www.aspergeralicante.com/pdfrecursos/nee.pdf

Plan Nacional de Educación Especial (1978). Instituto Nacional de Educación Especial. http://redined.mecd.gob.es/xmlui/bitstream/handle/ 11162/78936/00820083019361.pdf?sequence=1&isAllowed=y

Prytz-Nilsson, N. S. y Suarez, A. B. (2009). Estudio bibliométrico de las publicaciones científicas sobre el área de Habilidades Sociales en América Latina. (Tesis de grado no publicada), Universidad Nacional de Córdoba, Argentina.

Poston, D., Turnbull, A., Park, J., Manan, H., Marquis, J. y Wang, M. (2004). Calidad de vida familiar: un estudio cualitativo. *Siglo Cero, 35* (211), 31-48.

Powell, D. R., Son, S. H., File, N., y San Juan, R. R. (2010). Parent-school relationships and children's academic and social outcomes in public school pre-kindergarten. *Journal of School Psychology, 48*, 269-292. doi: 10.1016/j.jsp. 2010.03.002.

Kline, R. B. (2011). *Principles and practice of structural equation modeling* (3.ª ed.) New York: Guilford Press.

Ramos-Rodríguez, A. R., y Ruíz-Navarro, J. (2004). Changes in the intellectual structure of strategic management research: A bibliometric study of the Strategic Management Journal, 1980-2000. *Strategic Management Journal, 25*(10), 981-1004. doi: https://doi.org/10.1002/smj.397

Ratificación de la Convención sobre los derechos de las personas con discapacidad, hecho en Nueva York el 13 de diciembre de 2006 (2008) (BOE de 21 de abril).

Rizvi, S. (2015). Exploring British Pakistani mothers'perception of their child with disability: insights from a UK context. *Journal of research in Special Edcation Needs, 17*(2), 87-97. doi: 10.1111/1471-3802.12111.

Ryan, C., y Quinlan, E. (2017). Whoever shouts the loudest: Listening to parents of children with disabilities. *Journal of Applied Research in Intellectual Disabilities, 31*, 203-214. doi:10.1111/jar.12354.

Real Decreto 334/1985, de 6 de marzo, de Ordenación de la Educación Especial (BOE de 16 de marzo).

Rivas, S. (2007). La participación de las familias en la escuela. *Revista Española de pedagogía, 238*, 559-574.

Ruiz, E. (2009). *Síndrome de Down. La etapa escolar. Guía para profesores y familias.* Madrid: CEPE.

Romaní, F., Huamaní, C., y González-Alcaide, G. (2011). Estudios bibliométricos como línea de investigación en las ciencias biomédicas: una aproximación para el pregrado. *Cimel, 14*(1), 52-62.

Rodrigo, J. M. y Palacios, J. (Coords.) (1998) *Familia y desarrollo humano.* Madrid: Alianza Editorial.

Rogers, M. A., Wiener, J., Marton, I., y Tannock, R. (2009). Parental involvement in children's learning: Comparing parents of children with and without attention-deficit/hyperactivity disorder (ADHD). *Journal of School Psychology, 47,* 167-185. doi: 10.1016/j.jsp.2009.02.001.

Rosário, P., Mourao, R., Núñez, J. C., González-Pineda, J. A. y Solano, P. (2006). Escuela-familia: ¿es posible una relación recíproca y positiva? *Papeles del psicólogo, 27*(3), 171-179.

Ruiz, C. (2002). *Instrumentos de investigación educativa: Procedimientos para su diseño y validación.* Barquisimeto: CIDEG (Centro de Investigación y Desarrollo en Educación y Gerencia).

Sánchez, A. y Torres J. A. (Coord.) (1998): *Educación Especial I. Una perspectiva curricular, organizativa y profesional.* Madrid: Ediciones Pirámide.

Sánchez, L., Navarro, D., Gómez, M. T. (2018). La relación de las familias de alumnos con necesidades específicas de apoyo educativo con el entorno escolar. Revisión bibliométrica. En J. E. Gonzálvez (Ed.), *Nuevas enseñanzas superiores a partir de las TIC* (pp. 250-257). Madrid: Gedisa.

Sandoval, M., López, M. L., Miquel, E., Durán, D., Giné, C. y Echeita, G. (2002). Index for inclusión. Una guía para la evaluación y mejora de la educación inclusiva. *Revista Contextos Educativos, 5, 227-238.*

San Fabián, J. L. (1994). La participación. *Cuadernos de pedagogía, 222,* 18-21.

Satorra, A. y Bentler, P. M. (1994). Corrections to *test* statistics and standars errors in covariance structure ananalisys. En A. von Eye y CCClogg (Eds.), *Latent variables analysis: Aplications for developmental research* (pp. 399-419). Newbury Park, CA: Sage.

Sethi, V. y King, W. R. (1994). Development of measures to assess the extent to which and information tecnology application provides competitive advantage. *Management science, 40*(12), 1601-1627. doi: http://doi.org/10.1287/mnsc.40.12.1601

Scheerenberger, R. C. (1984). *Historia del retraso mental.* San Sebastián: Servicio Internacional de Información sobre Subnormales.

Serdio, C. (2008). Famila y escuela: del desencuentro a la relación cooperativa. *Papeles salmantinos de Educación, 10,* 85-100.

Sheldon, S. B., y Epstein, J. L. (2002). Improving student behavior and school discipline with family and community involvement. *Education and Urban Society*, *35*(1), 4-26. doi:10.1177/001312402237212.

Simón, C. y Echeita, G. (2012). La alianza entre familias y la escuela en la educación del alumnado más vulnerable. *Padres y maestros, 344*, 31-34.

Simón, C., Giné, C. y Echeita, G (2016). Escuela, Familia y Comunidad: construyendo alianzas para promover la inclusión. *Revista latinoamericana de educación inclusiva, 10*(1), 25-42.

Schenker, R. Rigbi, A.; Parush, S. y Yochman A. (2017). A Survey on Parent-Conductor Relationship: Unveiling the Black Box. *International Journal of Special Education, 32*(2), 387-412. doi: https://files.eric.ed.gov/fulltext/EJ1184113.pdf

Slade, N., Eisenhower, A., Carter, A. S., y Blacher, J. (2018). Satisfaction With Individualized Education Programs Among Parents of Young Children With ASD. *Exceptional Children, 84*(3), 242-260. doi: https://doi.org/10.1177/0014402917742923

Stainback S. y Stainback, W. (1984). A Rationel for the Merger of Special and regular education. *Exceptinal children, 2*(51), 102-111.

Stainback, S. y Stainback, W. (2007) *Aulas inclusivas: un nuevo modo de enfocar y vivir el currículo.* Madrid: Narcea.

Starr, E. M., y Foy, J. B. (2012). «In Parents» Voices: The Education of Children with Autism Spectrum Disorders. *Remedial and Special Education 33*(4): 207-216. doi:10.1177/0741932510383161.

Stein, M. A., y Lord, J. E. (2010). Monitoring the Convention on the Rights of Persons with Disabilities: Innovations, Lost Opportunities, and Future Potential. *Human Rights Quarterly*, *32*(3), 689-728.

Syriopoulou-Delli, C. K. y Polychronopoulou, S.A. (2019). Organization and management of the ways in which teachers and parents with children with ASD communicate and collaborate with each other. *International Journal of Developmental Disabilities*, *65*(1), 31-48. doi: 10.1080/20473869.2017.1359355.

Tabachnick, B., y Fidell, G. (2007). *Using Multivariate Statistics* (5.ª ed). Boston, MA: Allyn & Bacon.

Tranfield, D., Denyer, D., y Smart, P. (2003). Towards a methodology for developing evidence-informed management knowledge by means of systematic review. *British Journal of Management, 14*(3), 207-222. doi: https://doi.org/10.1111/14678551.00375

Turnbull, A. P., Turnbull, H. R., Erwin, E. y Soodak, L. (2006) *Families, professionals, and exceptionality. Positive outcomes though partnership and trust* (5.ª Ed.) Colombus, OH i Upper Saddle River, NJ: Pearson/Merill-Prentice Hall.

Turnbull, A., Turnbull, R. y Kyzar, K. (2009). Cooperación entre familias y profesionales como fuerza catalizadora para una óptima inclusión: enfoque de los Estados Unidos de América. *Revista de Educación, 349*, 69-99.

Thomazet, S. (2009). From Integration to Inclusive Education: Does Changing the Terms Improve Practice? *International Journal of Inclusive Education, 13*(6), 553-563.

Topor, D. R., Keane, S. P., Shelton, T. L., y Calkins, S. D. (2010). Parent involvement and student academic performance: A multiple mediational analysis. *Journal of Prevention & Intervention in the Community, 38*, 183-197. doi:10.1080/10852352.-2010.486297.

Torres, J. A. (2010). Pasado, presente y futuro de la atención a las necesidades educativas especiales: Hacia una educación inclusiva. *Revista Perspectiva Educacional 49* (1), 62-89.

Torres, J. A., Colmenero, M. J. y Hernández, A. (2008). *Aspectos generales y legislación internacional sobre educación especial.* Granada: Impredisur.

UNESCO (1968). *Actas de la Conferencia General.* Paris: UNESCO.

UNESCO (1994). *Declaración de Salamanca y Marco de acción para las necesidades educativas especiales: acceso y calidad*. Genova: UNESCO.

UNESCO (1994). *Informe final. Confederación Mundial sobre necesidades educativas especiales: acceso y calidad.* Madrid: Ministerio de Educación y Ciencia.

UNESCO (2008). Inclusive education: The way of the future. Genova: UNESCO.

Valls-Carol, R., Prados-Gallardó, M. y Aguilera-Jiménez, A. (2014). El Proyecto INCLUD-ED: estrategias para la inclusión y la cohesión social en Europa desde la educación. *Investigación en la escuela, 82*, 31-43.

Van Eck, N. J., y Waltman, L. (2010). *Software* survey: VOSviewer, a computer program for bibliometric mapping. *Scientometrics, 84*(2), 523-538. doi: 10.1007/s11192-009-0146-3.

Verdugo, M. A. (2009). El cambio educativo desde una perspectiva de calidad de vida. Monográfico. *Revista de Educación, 349,* 23-43.

Vergara, J. (2002). Marco histórico de la Educación especial. *Estudios sobre educación, 2,* 129-143.

Vianello, R., y Lanfranchi, S. (2015). Looking beyond the Alibi That Not Everything Function Perfectly in Italy: A Response to Anastasiou, Kauffman and Di Nuovo. *European Journal of Special Needs Education 30*(4), 454-456. doi:10.1080/08856257.2015.1079032.

Vieneau, R. (2011). Integración escolar, inclusión escolar y pedagogía de la inclusión. En O. Moliner (Ed.), *Prácticas inclusivas: experiencias, proyectos y redes* (pp. 19-28). Castelló de la Plana: Publicacions de l'Universitat Jaume I.

Wang, M. C., Reynolds, M. C. y Walberg, H. J. (1986). Rethinking special education. *Educational Leadership, 44*(1), 26-31.

Warnock, M. (1978). Encuentro sobre necesidades de educación especial. *Revista de Educación, 1,* 45-73.

Warren, S. (2017) «Hidden voices: Parents» Perspectives on the barriers to and facilitators of inclusion on their preschool children with disabilities, working with families for inclusive education. *International Perspectives on Inclusive Education, 10,* 151-174. doi: https://doi.org/10.1108/S1479-363620170000010016

Wheaton, B. Muthén, B. Alwin, D. F. y Summers, G. F. (1977). Assessing reliability and stability in panel models. *Sociological Methodology, 8,* 84-136. doi: 10.2307/270754.

Wheeldon, J., y Ahlberg, M. K. (2011). *Visualizing social science research: Maps, methods, & meaning*. London: Sage.

Will, M. C. (1986). Educating chikdren with learning problems: a shared reponsability: *Exceptinal children, 52,* 411-415.

Woods, A. D., Morrison, F. J., y Palincsar, A. S. (2018). Perceptions of communication practices among stakeholders in special education. *Journal of Emotional and Behavioral Disorders, 26*(4), 209-224. doi: https://doi.org/10.1177/1063426617733716

Zanobini, M., Viterbori, P., Garello, V. y Camba, R. (2017): Parental satisfaction with disabled children's school inclusion in Italy. *European Journal of Special Needs Education, 33,* 597-614. doi: 10.1080/08856257.2017.1386318.

Zou, K. H., Tuncali, K., y Silverman, S. G. (2003). Correlation and Simple Linear Regression. *Radiology, 227,* 617-628. doi: https://doi.org/10.1148/radiol.2273011499

Guía de uso

¡ENHORABUENA!

ACABAS DE ADQUIRIR UNA OBRA QUE **INCLUYE LA VERSIÓN ELECTRÓNICA.**
APROVÉCHATE DE TODAS LAS FUNCIONALIDADES.

ACCESO INTERACTIVO A LOS MEJORES LIBROS JURÍDICOS

FUNCIONALIDADES

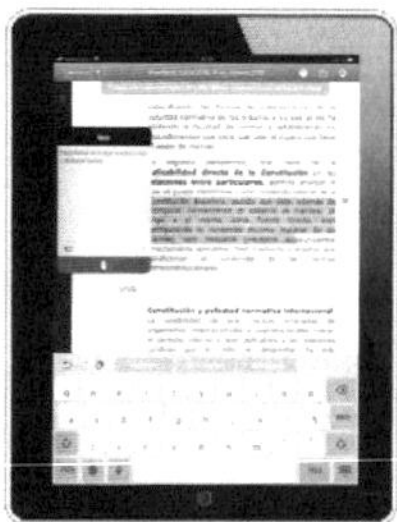

SELECCIONA Y DESTACA TEXTOS

Crea anotaciones y escoge los colores para organizar tus notas y subrayados.

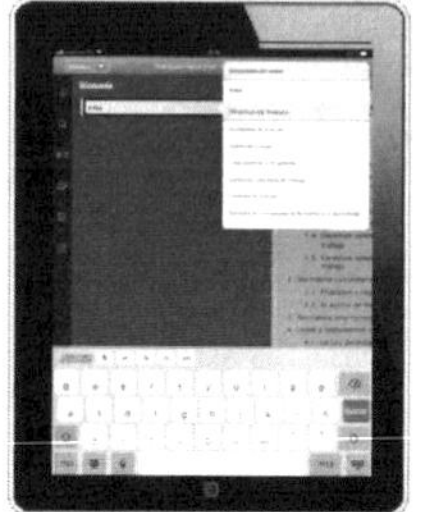

USA EL TESAURO PARA ENCONTRAR INFORMACIÓN

Al comenzar a escribir un término, aparecerán las distintas coincidencias del índice del Tesauro relacionadas con el término buscado.

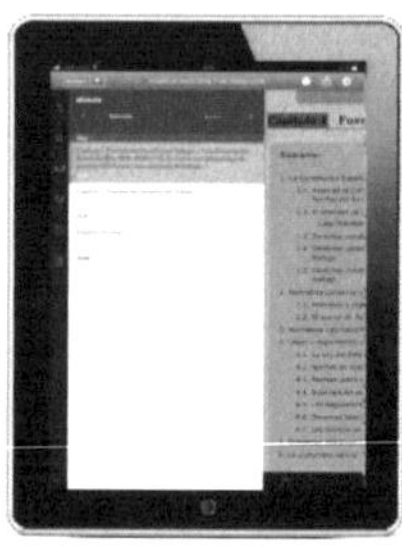

HISTÓRICO DE NAVEGACIÓN

Vuelve a las páginas por las que ya has navegado.

ORDENAR

Ordena tu biblioteca por: Título (orden alfabético), tipo (libros y revistas), editorial, jurisdicción o área del Derecho.

CONFIGURACIÓN Y PREFERENCIAS

Escoge la apariencia de tus libros y revistas cambiando la fuente del texto, el tamaño de los caracteres, el espaciado entre líneas o la relación de colores.

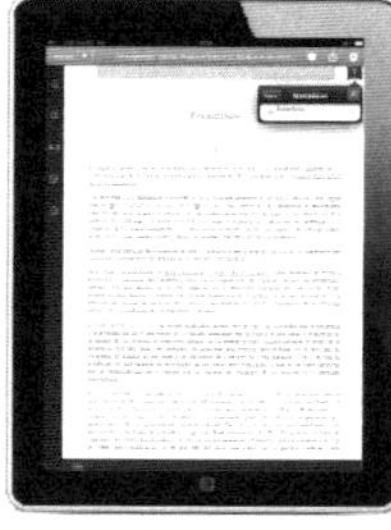

MARCADORES DE PÁGINA

Crea un marcador de página en el libro tocando en el icono de Marcador de página situado en el extremo superior derecho de la página.

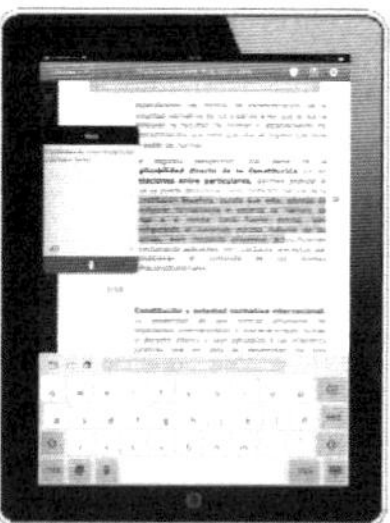

BÚSQUEDA EN LA BIBLIOTECA

Busca en todos tus libros y obtén resultados con los libros y revistas donde los términos fueron encontrados y las veces que aparecen en cada obra.

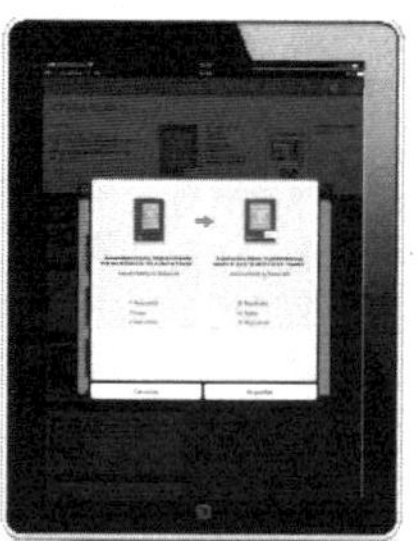

IMPORTACIÓN DE ANOTACIONES A UNA NUEVA EDICIÓN

Transfiere todas sus anotaciones y marcadores de manera automática a través de esta funcionalidad.

SUMARIO NAVEGABLE

Sumario con accesos directos al contenido.

INFORMACIÓN IMPORTANTE: Si has recibido previamente un correo electrónico deberás seguir los pasos que en él se detallan.

Estimado/a cliente/a,

Para acceder a la versión electrónica de este libro, por favor, accede a **http://onepass.aranzadi.es** Tras acceder a la página citada, introduce tu dirección de correo electrónico (*) y el código que encontrarás en el interior de la cubierta del libro.

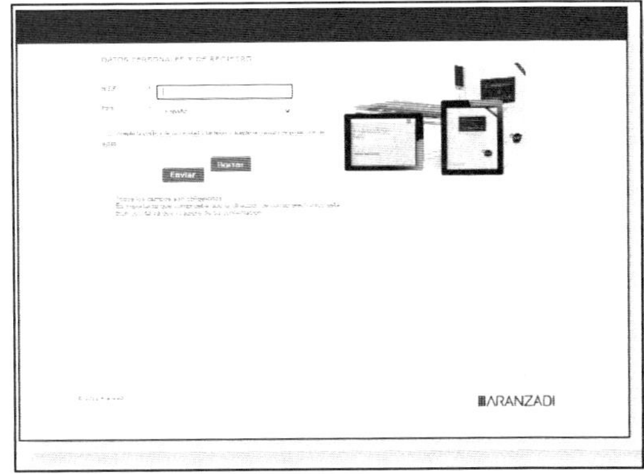

A continuación pulsa enviar.

Si te has registrado anteriormente en OnePass, en la siguiente pantalla se te pedirá que introduzcas el NIF asociado al correo electrónico.

Finalmente, te aparecerá un mensaje de confirmación y recibirás un correo electrónico confirmando la disponibilidad de la obra en tu biblioteca.

Si es la primera vez que te registras en **OnePass,** deberás cumplimentar los datos para crear tu cuenta y poder acceder a tu libro electrónico.

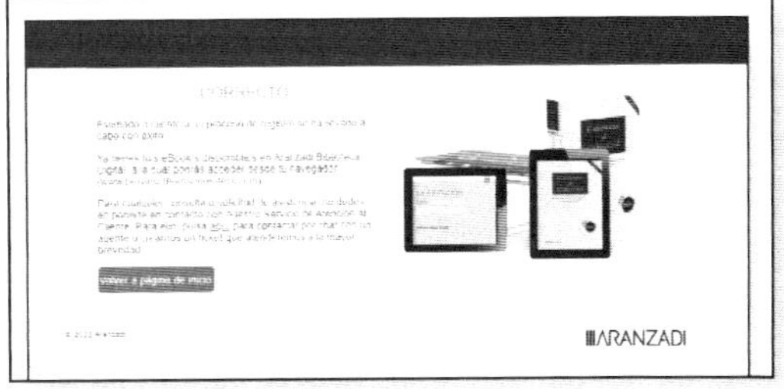

- Los campos **"Nombre de usuario"** y **"Contraseña"** son los datos que utilizarás para acceder a las obras que tienes disponibles a través del navegador en la ruta www.proview.thomsonreuters.com

Servicio de Atención al Cliente

Ante cualquier incidencia en el proceso de registro de la obra no dudes en ponerte en contacto con nuestro Servicio de Atención al Cliente. Para ello accede a nuestro Portal Corporativo y una vez allí en el apartado del Centro de Atención al Cliente selecciona la opción de Acceso a Soporte para no Suscriptores (compra de Publicaciones).